TEMPERAMENTO E CARREIRA

Dados Internacionais de Catalogação na Publicação (CIP)
(Câmara Brasileira do Livro, SP, Brasil)

Calegari, Maria da Luz
  Temperamento e carreira: desvendando o enigma do sucesso / Maria da Luz Calegari, Orlando H. Gemignani. 5. ed. – São Paulo: Summus, 2006.

  Bibliografia
  ISBN 978-85-323-0321-9

  1. Carreira profissional – Desenvolvimento 2. Personalidade 3. Sucesso 4. Temperamento I. Gemignani, Orlando H. II. Título.

06-4712   CDD-155.262

Índice para catálogo sistemático:
1. Temperamento e personalidade: Psicologia 155.262

www.summus.com.br

EDITORA AFILIADA

Compre em lugar de fotocopiar.
Cada real que você dá por um livro recompensa seus autores
e os convida a produzir mais sobre o tema;
incentiva seus editores a encomendar, traduzir e publicar
outras obras sobre o assunto;
e paga aos livreiros por estocar e levar até você livros
para a sua informação e o se entretenimento.
Cada real que você dá pela fotocópia não autorizada de um livro
financia um crime
e ajuda a matar a produção intelectual de seu país.

MARIA DA LUZ CALEGARI
ORLANDO H. GEMIGNANI

TEMPERAMENTO E CARREIRA
Desvendando o enigma do sucesso

summus editorial

TEMPERAMENTO E CARREIRA
Desvendando o enigma do sucesso
Copyright © 2006 by Maria da Luz Calegari e Orlando H. Gemignani
Direitos desta edição reservados por Summus Editorial Ltda.

Editora executiva: **Soraia Bini Cury**
Assistente de produção: **Claudia Agnelli**
Revisão: **Gisele Saad e Marisa Rosa Teixeira**
Capa: **Alberto Mateus**
Projeto gráfico: **Fernando Neves de Andrade**
Ilustrações: **Wilson André Filho (Will)**
Diagramação: **Casa de Idéias**

Summus Editorial
Departamento editorial:
Rua Itapicuru, 613 – 7º andar
05006-000 – São Paulo – SP
Fone: (11) 3872-3322
Fax: (11) 3872-7476
http://www.summus.com.br
e-mail: summus@summus.com.br

Atendimento ao consumidor:
Summus Editorial
Fone: (11) 3865-9890

Vendas por atacado:
Fone: (11) 3873-8638
Fax: (11) 3873-7085

e-mail: vendas@summus.com.br

Impresso no Brasil

Às nossas mães, Maria da Anunciação Nunes (*in memoriam*), e Alicia Dearriba Sanchez, que nos ensinaram a respeitar as diferenças.

AGRADECIMENTOS

Os agradecimentos aqui expressos têm por finalidade transmitir àqueles que nos incentivaram, nos apoiaram, nos criticaram de forma positiva, nos mostraram novos ângulos, nos ajudaram, enfim, a concretizar esta obra, quão valiosas foram as suas contribuições. Baseados nesse critério, o correto é começar os agradecimentos por onde tudo começou.

Rigorosamente, meus primeiros agradecimentos são para os que já se foram. Para Jung, para Katherine Briggs e para Isabel Myers. E, depois, para David Keirsey que, felizmente, está vivo. Não fossem esses quatro grandes pesquisadores e este livro não existiria.

Ingratidão seria não nomear aqueles que me abriram as janelas que dão para esse admirável mundo novo do autoconhecimento. Especificamente, Orlando Gemignani e Stela Amaral, que me emprestaram para ler, naqueles já longínquos feriados de Natal, em 1998, o livro *Please understand me* e bateram longos papos comigo a respeito da Teoria dos Temperamentos.

Gratidão, também, para todos quantos me apoiaram durante o desenvolvimento desta obra, contribuindo com sua amizade, paciência, análise e conselhos: meu marido, Alcides Calegari, os professores Celeste Nunes Preto, Denise Manfredi, Carlos Castro, René Licht e Tadeu Ribeiro; os consultores Chris Cappy e Renato Bernhoeft.

Adicionem-se a esses os nomes de Januário Fabrim, Márcia Barnabé, Wilson André Filho e Fernando Neves de Andrade, pela inestimável colaboração na fase de produção visual e diagramação.

Devo agradecer, ainda (embora não seja possível citá-los, porque são muitos), àqueles a quem, desde 1999, prestei serviços como orientadora pessoal e profissional, assim como às pessoas que, em processo de terapia, me procuraram recomendadas por seus terapeutas. Saber que minhas orientações foram úteis para suas vidas é a melhor recompensa que poderia receber pelo trabalho realizado.

At last but not least, como diria Keirsey, agradeço aos leitores que se deixarem encantar por esta obra, esperando que a divulguem entre seus familiares, amigos, colegas e conhecidos, não com intuito comercial, mas com o de ajudar as pessoas a se conhecer melhor, a reconhecer seus talentos e desenvolvê-los a um grau máximo e, sobretudo, a compreender a importância da diversidade humana.

Maria da Luz

Obrigado a meus mentores Otto Kroeger e Janet M. Thuesen, que foram não apenas meus instrutores na certificação do MBTI® e Temperamentos, mas sobretudo exemplo, com seu entusiasmo e dedicação à pesquisa e à aplicação diária do instrumento. Eles são autores de vários livros que vale a pena ler. Obrigado a Silvia Pease e Judy Pretto, que me ajudaram a compreender algumas importantes teorias junguianas, como a da sincronicidade, e por manter-me continuamente informado, por intermédio de e-mails. Obrigado, Dianne O'Connell, a quem devo minha iniciação em Temperamentos, e que continua sendo um exemplo de dignidade, coragem e ética. Obrigado, Gisele Saad, minha professora de português e amiga de todos os momentos, que revisou meticulosamente a primeira versão desta obra. Obrigado a André Godoi e a meus amigos Dennis Ceran e Jorge Celdran (*in memoriam*), que me provaram haver anjos neste mundo, muito obrigado.

Beatriz, minha querida "Chicha", a quem admiro por ter tido a coragem de dar uma guinada de 180 graus em sua carreira, optando por ensinar às pessoas caminhos para o autoconhecimento, *gracias*! Sua ajuda material e espiritual, em momentos difíceis, foi muito importante na minha vida. *Gracias* também a Pamela Jaque, que conseguiu transformar em imagens apropriadas os conceitos sobre temperamentos, que foram muito úteis nos primeiros trabalhos.

Relembrar todos é impossível e, por isso, peço antecipadamente desculpas aos que foram omitidos. Sintam-se desde já incluídos nesta relação de agradecimentos.

Intimamente, sou grato a meus *coaches* e orientadores, que me possibilitaram fazer conexões entre diferentes teorias. A Andréa Massoud, por suas palavras de alento e coragem, para levar adiante este projeto.

Ao meu amigo e irmão Roberto Rossi, por ter me ajudado a manter acesa a chama da esperança, sempre que empreendi uma nova aventura, em minha vida. A Marli Minatelli e Luciana Torres, que contribuíram para a realização de muitos *workshops* sobre temperamentos, no Brasil, abrangendo diversos públicos. E, igualmente, obrigado a todas as Empresas e Organizações que confiaram nesses estudos e facilitaram a expansão da pesquisa, contribuindo para que aprendêssemos mais sobre a diversidade humana. E, por isso mesmo, obrigado a todos os SJ, SP, NF e NT que, com sua participação, permitiram comprovar que os temperamentos são, de fato, universais.

Graças a Deus por me ter presenteado com um rol imenso de amigos e amigas, que me acompanharam ao longo de muitos anos dedicados a este projeto.

Àqueles que não tiveram tempo para enviar por escrito as impressões sobre este livro, mas mesmo assim se preocuparam em dar um *feedback*, muito obrigado. Agradeço especialmente a Sérgio Nery, que me orientou no uso da criatividade, para lograr sinergia e aprendizagem nos grupos em que atuei como facilitador. Igualmente, sou grato à professora de Psicodrama, Rosa Lídia Pacheco Pontes, pelas lições sobre dinâmica de grupos. À minha amiga Marina Mariño, que, em momentos cruciais, me lembrou que não há nada melhor do que o humor.

Difícil deixar de agradecer à minha parceira, Maria da Luz, que abraçou Temperamentos com um carinho especial, por sua persistência na concretização desta obra. E, finalmente, à minha mãe pelo apoio, carinho e entusiasmo. Leitora "privilegiada" do primeiro rascunho, após ler os primeiros capítulos já falava em uma segunda versão para a América Latina!

Obrigado, finalmente, a todos que tiveram a curiosidade de conhecer este livro para uma descoberta de si mesmos e dos outros.

Orlando H. Gemignani

"Não vemos as coisas como elas são.
Nós as vemos como somos."

Talmude

SUMÁRIO

13 APRESENTAÇÃO

15 PREFÁCIO

19 INTRODUÇÃO

27 CAPÍTULO 1
Temperamentos e tipos psicológicos

43 CAPÍTULO 2
Considerações sobre inteligência

57 CAPÍTULO 3
Os herdeiros da Terra: Artesãos
Memória
Juscelino Kubitschek
Carmen Miranda
Ayrton Senna
Cândido Portinari

91 CAPÍTULO 4
Os herdeiros da Terra: Guardiães
Memória
Rachel de Queiroz
Duque de Caxias
Roberto Marinho
Irmã Dulce

125 CAPÍTULO 5
Os exilados de Vênus e de Júpiter
Memória
Dom Hélder Câmara
Chico Xavier
Sérgio Vieira de Mello
Clarice Lispector

161 CAPÍTULO 6
Os exilados de Vênus e de Júpiter
Memória
Assis Chateaubriand
Mário Henrique Simonsen
Alberto Santos Dumont
Lina Bo Bardi

197 CAPÍTULO 7
Peculiaridades sobre temperamentos e tipos psicológicos

233 CONCLUSÃO

237 ANEXO: OS PRECURSORES E SUAS CONTRIBUIÇÕES

241 REFERÊNCIAS BIBLIOGRÁFICAS

Apresentação

Foi com um misto de surpresa e gratificação que tomei conhecimento do conteúdo de *Temperamento e carreira – Desvendando o enigma do sucesso*. Os autores, dois "intuitivos dominantes", perceberam que era hora de o público brasileiro ter acesso a esse tipo de conhecimento, hoje bastante disseminado em países da América do Norte e da Europa, mas não por aqui, apesar de o MBTI® ter completado dez anos de introdução no Brasil.

Recordo-me muito bem do dia, em 1994, em que conversei com Orlando, nos Estados Unidos, sobre aquela incrível ferramenta de desenvolvimento de pessoas. Fiquei admirada e muito entusiasmada com as possibilidades de uso do MBTI® no mundo corporativo. Tanto que, um ano depois, consegui a autorização para trazê-lo para o nosso país.

Entretanto, apesar de já termos mais de 700 profissionais qualificados para aplicá-lo, em todo o território nacional, e de mais de 90 mil profissionais terem tido a possibilidade de se conhecer melhor e aos seus parceiros de trabalho por intermédio do MBTI® carecíamos, ainda, de bibliografia em língua portuguesa, para ampliar o conhecimento sobre o tema e estendê-lo a outras dimensões. A lacuna existente, com certeza, será muito bem preenchida com o lançamento deste livro.

Temperamento e carreira nos fascina pela simplicidade e, ao mesmo tempo, pela profundidade, e também por sua grande aplicabilidade nas mais diversas situações. Entre estas, a possibilidade de ampliar nossa visão sobre nossos padrões comportamentais, ajudar as pessoas a realizar suas potencialidades ao conhecer seus pontos fortes, ganhar autoconfiança, melhorar o desempenho profissional e, por extensão, as relações com a família e com a sociedade.

Ao terminar de ler este livro, a primeira conclusão que me veio à mente foi quão grandioso é o autoconhecimento. O caminho da autopercepção nos abre inúmeras possibilidades para evoluir, para conhecer nossas fortalezas, para sermos mais íntegros em tudo que fazemos. É através do nosso olhar interno que compreendemos as diferenças entre as pessoas, as valorizamos e nos engrandecemos como indivíduos e como equipe. Aprendemos a perceber as interações nas empresas, nas comunidades, na família e, desta forma, entendemos e resolvemos com maior facilidade os nossos conflitos.

Quero destacar, também, a feliz idéia de exemplificar escolhas e modelos de sucesso por intermédio de ícones da nossa cultura, pois este método decodifica, de maneira simples e direta, um conteúdo que precisa ganhar cada vez mais espaço no mundo corporativo e na vida pessoal.

Sinto-me lisonjeada por ter sido convidada a escrever a apresentação deste livro. Primeiro, porque o considero um grande lançamento; segundo, porque mediante exemplos significativos da vida brasileira, tão próximos da nossa gente, ele amplia o nosso conhecimento a respeito de temperamentos, a essência da personalidade humana.

Assim como os autores, penso que o momento de discutir e estudar temperamentos é agora. Parabéns por nos brindarem com obra tão significativa.

Adriana Fellipelli
Psicóloga e diretora da Right Management

MBTI® é marca registrada da Consulting Psychologists Press, Inc., EUA, representada no Brasil pela IDH – Instrumentos de Desenvolvimento Humano.

Prefácio

Lembro-me de que era sábado de manhã, bem cedo. Estava no aeroporto de Barajas, Madri, e, após ter feito o *check-in*, esperava ansioso a decolagem do avião que me levaria de volta a Nova York dois anos depois de mudar-me para a Espanha, terra de meus avós. O ano era 1992, vésperas de 1993. Estava prestes a começar uma nova etapa profissional e a idéia de redescobrir a *Big Apple* não era totalmente atraente. Sentimentos dúbios me dominavam. Junto com a alegria da renovação, assaltava-me uma sensação incômoda de pulo no escuro.

Dias depois, comecei a trabalhar no World Financial Center como consultor de educação executiva no recentemente criado Center for Learning and Development, que introduzia um conceito corporativo de Universidade. Felizmente, o apartamento de Battery Park permitia que fosse caminhando até o escritório, mas, depois de vários dias de nevasca, o trajeto parecia uma pequena excursão polar. Por que conto tudo isso? Porque em meio a esse episódio meteorológico, que me obrigou a permanecer naquele apartamento mais do que pretendia (ninguém estava disposto a procurar moradia naquelas circunstâncias), tive a revelação mais impactante de minha vida. Foi nesse local que eu li, pela primeira vez, o resultado da devolutiva do MBTI® (Myers-Briggs Type Indicator).

Esse instrumento, que permite que conheçamos nossas preferências mentais e nossas atitudes mais freqüentes, havia sido administrado como parte do pacote de "boas-vindas" da minha nova equipe de trabalho. A líder, Dianne O'Connell, o apresentou a mim, destacando sua importância para o autoconhecimento e a formação de times de trabalho e, em nenhum momento, suspeitei de que viesse a tornar-se, nos anos seguintes, uma ferramenta de trabalho tão poderosa.

Naquela noite, li uma, duas, três... quarenta vezes o relatório. Lembro-me de ter ficado acordado um bom tempo, ligando e desligando o abajur, quase que dominado pela compulsão de reler e reler diferentes partes. Como podia "alguém" completamente desconhecido saber tanto de mim, sobre minha forma de pensar, meus valores e minhas preferências? Comecei a desejar que a noite acabasse logo: queria chegar ao escritório para conhecer mais sobre o assunto.

Mal sabia que uma segunda revelação estava a caminho e que esta me abriria as portas para um novo mundo em termos de conhecimento humano. Aconteceu quando Dianne mencionou a Teoria dos Temperamentos. Eureca! Ali estava a chave para me conhecer melhor e conhecer as pessoas ao meu redor. Foi a Teoria dos Temperamentos que mais me motivou a conhecer o que as pessoas são, seus interesses, suas motivações, sua visão de mundo, seus caracteres, suas inteligências (dons). Esse desejo me acompanhou pelos anos seguintes e continua a me motivar, assim como à minha parceira nesta obra, Maria da Luz.

Voltando a Nova York: aqueles anos foram muito ricos. Vivi experiências marcantes com projetos que me levaram a diferentes partes do mundo, sempre trabalhando com desenvolvimento de equipes multidisciplinares. Depois daquele primeiro encontro com o MBTI® e a Teoria dos Temperamentos, tive a oportunidade de ser certificado por Otto Kroeger e Janet M. Thuesen, autores de diversos livros sobre esse assunto.

A certificação foi um trampolim para que pudesse vir a atuar como consultor de desenvolvimento de equipes, acumulando experiências em diferentes países, ultrapassando barreiras culturais e de idiomas, entre outras. Durante todos esses anos, tanto o MBTI® como a aplicação prática da Teoria dos Temperamentos só contribuíram para reafirmar e validar sua exatidão.

Foi também graças às inúmeras oportunidades de aplicação de ambos que pude comprovar que, no mundo dos negócios, as pessoas retêm e aplicam melhor os Temperamentos. A explicação parece estar na simplicidade. É mais difícil memorizar e entender o significado das quatro letras (combinação uniforme para os dezesseis tipos psicológicos, segundo o MBTI®) do que reter na memória a combinação da tipologia dos temperamentos, conforme a Teoria de Temperamentos do dr. David Keirsey, em que apenas duas letras servem para reconhecê-los.

Em meados da década de 1990, tive a oportunidade de apresentar o MBTI® a Adriana Fellipelli, consultora de Recursos Humanos, que percebeu a importância de trazer o instrumento para o Brasil, criando um novo paradigma de certificação não só para este país, mas também para a América Latina. Hoje, cerca de 90 mil brasileiros já conhecem seu tipo psicológico e há mais de 700 pessoas qualificadas para aplicar o instrumento.

Em 1997, mudei para o Brasil. Aqui, pude continuar a prática de consultoria de desenvolvimento de equipes e, também, da aplicação dos instrumentos no contexto de Programas de Desenvolvimento de Liderança. Uma das experiências mais gratificantes foi a oportunidade de facilitar MBTI® e Temperamentos em três idiomas (português, inglês e sueco) em um mesmo evento, permitindo que membros de uma equipe multicultural de executivos obtivesse melhor entendimento sobre o grupo e sobre cada um deles, em particular. Como "imigrante permanente", em diversos países, considero-me o maior avalista do MBTI® e da Teoria dos Temperamentos do dr. David Keirsey.

Esta obra foi concebida a partir da confiança e do carinho que Maria da Luz e eu sentimos pelos instrumentos que permitem às pessoas conhecer melhor a si mesmas e fazer escolhas em conformidade com sua visão de mundo, valores e talentos. E, também, porque acreditamos que existe no conhecimento da essência de cada ser a possibilidade de contribuir para que as pessoas, conhecendo-se e conhecendo os outros, desenvolvam relacionamentos de melhor qualidade. **A verdadeira diversidade pode ser observada com muito mais precisão nos processos mentais do que nos aspectos externos que nos diferenciam como membros de uma mesma espécie. E é isso que este livro tem oportunidade de comprovar**.

Orlando H. Gemignani

Introdução

Enigmas sempre ajudaram a humanidade a avançar. A História e as crianças são a prova viva de que essa afirmação é correta. Como a criança aprenderia sobre si e sobre o mundo se não obtivesse respostas para seus "porquês"? Quanto à História, o estudo dela comprova que os desafios impostos pelo desconhecido (enigmas) levaram o homem a enfrentá-los e, por isso, ele pôde evoluir material, psíquica, intelectual e espiritualmente. Descobrir o que se esconde sob a face insondável das esfinges tem sido a missão e a meta de muitos pesquisadores. Esta obra surgiu do desejo de compreender as razões das diferenças e semelhanças entre os seres humanos, a partir de suas escolhas e comportamentos no trabalho, como via de realização de potencialidades inatas ou adquiridas.

O tema "sucesso" veio a reboque, por ocupar hoje um ponto central na vida das pessoas, que o traduzem na expressão popular "vencer na vida". Embora muitos livros tenham sido escritos sobre o tema e, atualmente, quase todo mundo concorde que o sucesso é resultado de talento, mais determinação, mais trabalho árduo, não aceitamos passivamente tal conclusão como definitiva. Saímos, então, a campo para encontrar outros fatores menos mensuráveis e menos visíveis que explicassem por que, a despeito de grande número de pessoas terem talento, serem determinadas e trabalhadoras, o sucesso nunca bate à sua porta.

Após estudos e comprovações empíricas, chegamos a três interessantes conclusões. Primeira: ser bem-sucedido é uma necessidade inerente a todos os seres vivos e não unicamente às pessoas. Segunda: entre os humanos, o sucesso não é compreendido, desejado e perseguido do mesmo modo e com a mesma intensidade por todos. Terceira e mais importante: o fator que impele as pessoas a projetar-se em direção a diferentes trajetórias de realização se chama temperamento.

Temperamento é uma predisposição inata da mente, ou seja, um conjunto de inclinações naturais, relacionadas sobretudo com os processos mentais de percepção (visão de mundo) e de análise e tomada de decisão, em que inteligências, interesses (aspirações) e valores são determinantes para apontar a direção. Universalmente, foram identificados quatro temperamentos. Expliquemos as três afirmações anteriores. Em relação à primeira, um exemplo prosaico pode ser encontrado nas plantas. A semente da macieira atirada em solo fértil, que rompe a crosta da terra em direção à luz e, desse modo, inicia a trajetória de desenvolvimento, até dar bons frutos, terá ao fim e ao cabo atingido o sucesso, pois conseguiu realizar todo o seu potencial e cumprir a finalidade de sua existência.

A segunda e a terceira afirmações (pessoas não buscam o sucesso do mesmo modo e com igual intensidade, nem se realizam com idênticas aquisições, porque o temperamento difere) encontram corroboração facilmente na prática diária. Um exemplo flagrante nos é fornecido por esportistas. Em 27 de maio de 2006, nas tomadas de tempo para o Grande Prêmio de Mônaco, o competitivo Michael Schumacher, percebendo que perderia a *pole* para outro piloto que conseguira diminuir parcialmente o tempo, estacionou deliberadamente seu carro na pista, como se tivesse sofrido uma pane. Dificilmente um tipo cooperador como Rubens Barrichello pensaria em recorrer a tal estratagema, o que talvez explique o fato de ele nunca ter sido campeão mundial de fórmula 1. O mesmo raciocínio vale para a derrota da incrível seleção canarinho, em 1982, nos gramados da Espanha. Pressionado a alijar do jogo o atacante italiano Paolo Rossi, por meio de uma falta grave, o técnico Telê Santana preferiu manter-se fiel às suas convicções e perder o jogo. Mais tarde, o idealista Telê diria que o futebol-arte, sob seu comando, jamais faria concessões à violência ou a manobras desleais. Para ele, ética e estética eram faces da mesma moeda.

Outros exemplos sobre a influência do temperamento na escolha de caminhos de realização são encontrados nos perfis humanos apresentados ao longo deste livro. Aqui, destacamos apenas dois para melhor compreensão, por parte dos leitores, sobre a força do temperamento no desenvolvimento de uma carreira e na conquista do sucesso. Dentre as celebridades que enriquecem as páginas desta obra, há duas mulheres que escolheram as mesmas carreiras: as escritoras e jornalistas Rachel de Queiroz e Clarice Lispector. A extrovertida e prática Rachel foi muito mais bem-sucedida do que a introvertida e intuitiva Clarice. Enquanto Rachel operava no mundo concreto, palco ideal para as glórias do mundo, Clarice preferia o mundo abstrato, de ideais e idéias e, por isso, somente foi reconhecida depois de morta.

Sucesso na pós-modernidade

Atualmente, sucesso para a maioria das pessoas significa aparecer na mídia, ser famoso, ter poder e ganhar muito dinheiro. Nessas circunstâncias, tem muito que ver com o mundo dos "artistas": músicos, cantores, atores e astros da televisão, quer dizer, *showbiz*, modelos, atletas e políticos.

Para um exercício prático, examinemos seis personalidades que representam um dos quatro temperamentos e a que denominaremos *promoters*[1]: Madonna, John Kennedy, Donald Trump, Diana Spencer, David Beckham e Gisele Bündchen. Três norte-americanos, dois ingleses e uma brasileira. Uma cantora performática, um presidente carismático, um empresário dos cassinos, uma aristocrata que flertava com a mídia, um jogador de futebol que aprecia holofotes e uma *top model* mundialmente admirada. Relembrando suas carreiras e a vida particular de cada um, parece, à primeira vista, que não têm pontos em comum.

Realmente, todos são ou foram pessoas absolutamente singulares. Porém, psicologicamente são dotadas e movidas pelo mesmo **temperamento**, **inteligência** e **interesses**. Há que salientar, ainda, outro fator de suma importância: o modo como essas pessoas usam ou usaram o cérebro. Sabe-se, hoje, que o hemisfério esquerdo é sensorial e pensador, enquanto o direito é intuitivo e sentimental. Nota-se nas personalidades citadas preferência pelo lado esquerdo, ou seja, elas utilizam de modo otimizado os **sentidos** (sensação) para perceber o mundo e as oportunidades. Não importa qual tenha sido a área escolhida — *showbiz* política, esportes, empreendedorismo ou promoção —, todos foram bem-sucedidos em seus propósitos, porque atingiram um grau elevado de desenvolvimento na utilização da função mental preferida.

Além da sensação, todos se valeram da inteligência lógico-matemática. Conforme Howard Gardner, neurocientista, professor e pesquisador da Harvard University, uma inteligência é uma capacidade para resolver problemas ou criar produtos valorizados em um ou mais cenários culturais[2], que são ferramentas indispensáveis para atingir o sucesso desejado.

No grupo citado, pelo menos quatro inteligências são notáveis:

- inteligência corporal e cinestésica: essencial para jogadores de futebol e dançarinos e também para quem utiliza expressão corporal para comunicar-se, principalmente com a massa, como é o caso dos políticos e dos ídolos populares;

- inteligência lingüística: necessária para a comunicação, instrumento da autopromoção;

- inteligência lógico-matemática: serve para avaliar as situações de forma objetiva e realista e tomar decisões;

- inteligência interpessoal: utilizada para compreender o impacto causado sobre as pessoas e o que estas esperam receber de seus "ídolos" ou modelos.

Pelo menos 10% da humanidade pertence ao mesmo grupo desses nomes estrelados. Todos têm os "dons" daqueles em maior ou menor grau. Se não fazem sucesso como esses "artistas", é porque não atendem de maneira otimizada aos requisitos que tornaram aqueles pessoas brilhantes: determinação para alcançar um objetivo, gosto pelo desafio, ambição, senso de oportunidade ou momento histórico (estar no lugar certo na hora certa). E, também, por utilizarem menos "virtuosamente" sua função mental preferida (sensação). Essas condições podem ser traduzidas em um termo muito em voga: competência.

A realidade comprova essa afirmação: quanto mais escolhemos utilizar uma competência e obtemos resultados positivos, mais tenderemos a repetir essa escolha ao longo da vida. Está aí a chave para entender qual é a outra força propulsora do sucesso. Pessoas que obtêm reforço positivo quando utilizam suas funções mentais e inteligências tornam-se cada vez mais otimistas, autoconfiantes e ousadas (empreendedoras). Estabelece-se, assim, um círculo virtuoso. O talento no uso dessas ferramentas leva ao sucesso (reconhecimento) e o sucesso alimenta o desenvolvimento do talento a um grau máximo (virtuosismo).

Temperamentos impelem à diversidade

Fazer sucesso como ídolo popular não é o objetivo de toda a população da Terra. Ao contrário, há até pessoas que têm horror à celebridade, pânico de subir em um palco, e o estômago embrulha quando pensam em política.

Para entender por que as pessoas podem ser muito diferentes, e até diametralmente opostas, analisemos agora seis personalidades que usam ou usaram funções mentais diferentes das do primeiro grupo. O segundo grupo será denominado *champion*. *Champion*, na Idade Média, significava aquele que assumia o lugar do rei, um súdito ou guerreiro designado para substituí-lo em duelos ou batalhas.

Modernamente, *champion* pode ser considerado um missionário, um advogado que compra a causa de alguém e a defende mesmo correndo risco de morte. Por exemplo: Sérgio Vieira de Mello, filósofo e sociólogo brasileiro, alto comissário da ONU que morreu em agosto de 2003, tentando pacificar o Iraque; Orlando Villas Boas, sertanista, "advogado" e conselheiro das populações indígenas brasileiras; Mahatma (Mohandas Karamchand) Gandhi, advogado indiano que orientou seu povo a libertar-se do jugo inglês mantendo uma atitude pacífica; Gloria Steinem, jornalista e escritora norte-americana, líder do movimento feminista mundial; Martin Luther King, advogado e ativista dos direitos civis nos Estados Unidos; e Federico García Lorca, poeta espanhol e revolucionário antifranquista.

Como se pode facilmente concluir, embora tenham ficado célebres e deixado seu nome na História, não os movia o desejo da fama e da fortuna que agradam tanto aos integrantes do primeiro grupo. Se fosse possível perguntar, hoje, a cada um deles se teriam preferido trilhar os caminhos das pessoas citadas anteriormente, responderiam que não. Aliás, Orlando Villas Boas contou-nos em entrevistas que ele e os irmãos largaram bons empregos na cidade grande para embrenhar-se pelo interior do Brasil e estabelecer contato com populações indígenas. Afirmou, inúmeras vezes, que as "tentações" da cidade – dinheiro, mulheres, carros, poder, status social e fama – nunca os atraíram. Sentiam que tinham uma missão a cumprir. Só não sabiam bem qual era.

O grupo dos *champions*, que se pode denominar Idealistas, corresponde a não mais que 3% da população mundial, conforme estatísticas recolhidas por David Keirsey, a maior autoridade mundial em temperamentos. Seus interesses, diferentemente dos do primeiro grupo, mais focados nos prazeres da vida e nos aplausos, são totalmente voltados para causas humanas, idéias, abstrações, prazer intelectual, conhecimento e autoconhecimento, romance e transcendência espiritual. Dois mundos opostos, determinados principalmente por visões distintas da vida, diversidade de interesses (aspirações, no seu caso), enfim, temperamentos[3].

Embora o assunto possa parecer novo para grande número de leitores, cinco séculos antes de Cristo já havia filósofos preocupados em conhecer os diferentes tipos psicológicos e até na Bíblia há descrições de temperamentos. No início do século XX, Jung abriu uma enorme clareira nessa área. Atualmente, graças à ampla via asfaltada pelas certezas da neurociência, temos maiores e melhores condições de compreender as especificidades e, sobretudo, a diversidade humana.

No Capítulo 1, introduzimos o assunto fazendo um rápido retrospecto dos estudos empreendidos desde a Grécia clássica até a época atual, quando já dispomos, inclusive, de instrumentos que possibilitam inventariar os tipos psicológicos, comuns a toda a humanidade, conhecer seus interesses, suas visões de mundo e seus temperamentos.

No Capítulo 2, fornecemos uma visão panorâmica do estágio atual do conhecimento em torno das inteligências (fundamentais para a estruturação da personalidade), destacando as contribuições de Piaget e, especialmente, de Howard Gardner, que revolucionou este campo com sua teoria das Inteligências Múltiplas.

A partir do Capítulo 3, os leitores poderão conhecer os Artesãos, os Guardiães, os Idealistas e os Racionais. Essas denominações foram introduzidas por Platão, no século cinco antes da era cristã, e retomadas no final do século vinte pelo psicólogo norte-americano David Keirsey. Consideramos os dois primeiros "herdeiros da Terra", porque são tipos totalmente afinados com a vida material, enquanto os dois últimos, por preferirem viver no mundo das idéias e das abstrações, foram por nós denominados "exilados de Vênus e de Júpiter".

Uma breve descrição dos temperamentos e dos tipos psicológicos inicia cada capítulo, de modo a situar o leitor. Esses perfis genéricos são resultado de múltiplas leituras e estudos, que fizemos na área da psicologia arquetípica, bem como da utilização profissional do MBTI® (Myers-Briggs Type Indicator) em trabalhos de aconselhamento, e também do estudo aprofundado das contribuições de David Keirsey.

Para melhor compreender as características psicológicas em ação e seus efeitos, as informações divulgadas sobre cada um dos temperamentos e tipos psicológicos são encontradas nas minibiografias de brasileiros ilustres, que apresentaram enquanto viveram, segundo nosso entendimento, comportamentos extremamente claros de determinado temperamento e tipo.

Optamos por retratar personalidades falecidas – mas ainda muito vivas e vívidas na memória e na História, pois deixaram fãs, admiradores, seguidores – porque esta linha facilitou o trabalho de pesquisa. Uma das maiores vantagens é a existência de vasto material escrito (como biografias e entrevistas), filmes e documentários, bem como depoimentos de pessoas que conviveram com esses "mitos". Alguns foram nossos contemporâneos e, por isso, somos testemunhas oculares de sua trajetória. Com outros chegamos a encontrar-nos pessoalmente, em trabalho jornalístico, e até privamos de certo grau de amizade com alguns poucos[4].

Cumpre deixar registrado, para que não pairem dúvidas em relação ao ideal que inspirou esta obra, que jamais tivemos a intenção de enquadrar a humanidade em modelos ou estereótipos. Um modelo de personalidade não é uma personalidade. Esta é muito mais complexa, porque dinâmica. Além do temperamento inato, sofre constantes influências do ambiente e das experiências por que passa ao longo da vida. Na verdade, o estudo dos tipos psicológicos serve mais ao propósito oposto: demonstrar como, a partir de arquétipos comuns a toda a humanidade, a pessoa se individualiza, reforçando ou atenuando preferências mentais com que nasceu, fazendo escolhas e construindo uma personalidade singular.

Vale salientar, também, que todos os temperamentos e tipos são importantes, pois é a diversidade que garante a democracia e sustenta a evolução humana. E, como disse Norberto Bobbio, um dos pensadores mais importantes do século XX, "a igualdade entre as pessoas somente será possível se a diversidade for reconhecida e respeitada". Este é o outro propósito deste livro. Além do autoconhecimento, ponto de partida para que cada indivíduo encontre seu caminho de realização, o conhecimento das afinidades e das diferenças, que temos uns em relação aos outros, é uma ferramenta que abre amplas perspectivas para o trabalho solidário, para a complementaridade de ações e a harmonia na família, na escola, em sociedade e entre as nações.

NOTAS

1. Tomamos emprestados de David Keirsey os termos promoter e champion.

2. O neurocientista português, António Damásio, professor na Universidade de Iowa, considera que a inteligência consiste na capacidade de manipular conhecimentos com tal êxito que respostas inéditas possam ser planejadas e executadas. Ver Bibliografia.

3. Não raramente, os tipos Idealistas são dotados de forte carisma. Esta palavra foi esvaziada de seu sentido verdadeiro, por causa do uso indiscriminado. Paulo de Tarso considerava o carisma graça divina, enquanto o sociólogo alemão Max Weber o descrevia como um poder magnetizante.

4. O temperamento dos dezesseis biografados e, também, os das dezenas de personalidades citadas ao longo dos capítulos foram deduzidos levando em conta as escolhas, os comportamentos e a trajetória de vida dos nomes citados. Essa metodologia é bastante utilizada por David Kirsey, Stephen Montgomery e Ray Choiniere, só para citar três expoentes em pesquisa de temperamentos.

CAPÍTULO 1

Temperamentos e tipos psicológicos

Tipificar a humanidade não foi um trabalho pioneiro de Carl Gustav Jung. Essa idéia é tão antiga que já aparece no Velho Testamento. Ao longo dos séculos, a preocupação restringiu-se, no entanto, a classificar os seres humanos em temperamentos que servissem de baliza para compreender a congruência de determinados comportamentos e, por outro lado, entender as razões das divergências. Para quem estudou filosofia grega e, especialmente, Platão e Aristóteles, ouvir falar de artesãos, hedonistas, guardiães, proprietários, éticos, idealistas e racionais soa muito familiar. Eram essas as denominações mais comuns atribuídas a diferentes formas de ver o mundo e de comportar-se nele.

O quadro mostra as várias concepções, que vigoraram em diferentes épocas, e as atuais.

Denominação dos tipos psicológicos, por temperamentos, ao longo do tempo[1]

590 a.C.	(Ezequiel)	Leão	Boi	Homem	Águia
370	(Hipócrates)	Alegre	Sombrio	Entusiasmado	Calmo
340	(Platão)	Artesão	Guardião	Idealista	Racional
325	(Aristóteles)	Hedonista	Proprietário	Ético	Dialético
190 d.C.	(Galeno)	Sangüíneo	Melancólico	Colérico	Fleumático
1550	(Paracelso)	Mutante	Industrioso	Inspirado	Curioso
1905	(Adickes)	Inovador	Tradicional	Doutrinário	Cético
1914	(Spränger)	Estético	Econômico	Religioso	Teórico
1920	(Kretschmer)	Maníaco	Depressivo	Supersensível	Insensível
1920	(Jung)	Sensorial	Sentimental	Intuitivo	Pensador
1958	(Myers)	Perceptivo	Julgador	Sentimental	Pensador
1978	(Keirsey)	Dionisíaco	Epiteméico	Apolíneo	Prometéico[2]
1998	(Keirsey)	Artesão	Guardião	Idealista	Racional

Fontes: David Keirsey e Stephen Montgomery (ver Bibliografia).

Nos anos 1980, graças a importantes descobertas dos neurocientistas (entre eles Roger Sperry, Prêmio Nobel de Fisiologia, e Ned Herrmann), foi possível mapear o cérebro humano. Os pesquisadores citados concluíram, em laboratório, que o hemisfério esquerdo é sensorial (S) e pensador (T), enquanto o direito é intuitivo (N) e sentimental (F), tal como intuíra Jung sessenta anos antes. O gráfico abaixo apresenta, de forma esquemática, as principais funções da mente.

Representação gráfica das funções mentais

S = sensação N = intuição
T = pensamento F = sentimento

FUNÇÕES MENTAIS E OPERAÇÕES PRINCIPAIS (ESQUEMA)

Hemisfério esquerdo	Hemisfério direito
SENSAÇÃO	**INTUIÇÃO**
Analisa	Vivencia
Quantifica	Qualifica
Avalia	Conceitua
Critica	Inova
Investiga	Infere
Estrutura partes	Integra
Pratica	Experimenta
PENSAMENTO	**SENTIMENTO**
Aciona a lógica	Aciona valores
Analisa	Sente e internaliza
Avalia/julga	Compartilha
Planeja	Ensina
Projeta	Escreve
Programa	Interage
Implementa	Compromete

Fontes: Roger Sperry e Ned Herrmann.

Outros neurocientistas, entre eles António Damásio (citado na Introdução) e o brasileiro Miguel Nicolelis, da Duke University, comprovaram a importância da mente até para contradizer a ciência. Damásio disse na obra *O erro de Descartes* que a razão que não leva em conta a emoção é uma razão incompleta.

Por sua vez, Nicolelis considera o cérebro mais importante que o DNA. Recentemente, afirmou que o fascina o fato de que, "talvez mais que o código genético, o cérebro nos diz o que cada um de nós realmente é, tanto o que temos em comum, como nossas diferenças. Esses circuitos e sua dinâmica explicam por que escrevemos, por que lembramos das coisas, o que sentimos, as tristezas, os nossos medos, nossos amores. Tudo isso está na atividade dos diferentes circuitos cerebrais".[3]

Concomitantemente às descobertas dos neurocientistas sobre o funcionamento do cérebro, surgiu uma teoria revolucionária, a das inteligências múltiplas, sistematizada pelo neurocientista e professor da Harvard Graduate School of Education e da Boston University School of Medicine (EUA), Howard Gardner.

Gardner parte do pressuposto de que existem, pelo menos, sete tipos de inteligências que se desenvolvem de forma relativamente autônoma (ver o Capítulo 2).

Temperamentos e tipos psicológicos

Observando o comportamento das pessoas em consultório e também em sociedade, C. G. Jung formulou uma hipótese (que, depois, testaria viajando por várias partes do mundo, inclusive o Brasil): o comportamento humano não é fruto do acaso. Ele é preditível e, portanto, classificável. Diferenças de comportamento, conforme escreveu na obra *Tipos psicológicos*, de 1921, são resultado de preferências relativas aos processos mentais, exercitados ao longo da vida. Tais preferências emergem cedo, constituindo as fundações da personalidade.

Seus seguidores aprofundaram esse conceito. As norte-americanas Katherine Briggs e Isabel Myers abriram um importante veio para compreender as teorias junguianas que, depois, serviram como guias para outros pesquisadores. Briggs começou a interessar-se por essa área na década de 1920 e sua filha, Isabel Myers, continuou os estudos e pesquisas pelas décadas seguintes. Nos anos 1960, Myers desenvolveu um Indicador de Tipos Psicológicos (MBTI)®, que teve muita aceitação na Europa, nos Estados Unidos e no Japão e, hoje, é amplamente utilizado em Recursos Humanos, terapia, orientação pessoal, vocacional e profissional, também no Brasil.

Em suas pesquisas, realizadas em todos os gêneros de estabelecimentos escolares, instituições, indústrias, empresas comerciais, financeiras e de serviços, Myers pôde observar que as pessoas nascem com determinados dons sobre os quais o meio ambiente exerce pouca influência (a não ser no sentido de desenvolvê-los em maior ou menor grau), que têm preferências mentais e que o uso destas é decisivo para firmar uma personalidade.

A idéia de que o tipo psicológico já está presente no indivíduo ao nascer, e que os tipos são universais, está lastreada nas noções de arquétipo e inconsciente coletivo, dois conceitos que constituem a base da psicologia de Jung. Arquétipos são os alicerces da vida psíquica, comuns a todos os homens e mulheres.

"Os arquétipos são núcleos de energia em estado virtual que podem ser ativados pelo dinamismo incessante da psique. O dinamismo da psique é um dos fatores que promovem a diferenciação (individuação) entre as pessoas, ou seja, o que faz com que uma pessoa seja única no universo", escreveu a psiquiatra brasileira Nise da Silveira em seu livro *Jung, vida e obra*.

Em relação ao conceito de inconsciente coletivo, Jung afirmou que, do mesmo modo que o corpo humano apresenta uma anatomia comum, sempre a mesma, apesar de todas as diferenças raciais, assim também a psique possui um substrato. Ele denominou esse substrato inconsciente coletivo, uma herança que transcende todas as diferenças de cultura e de atitudes conscientes, ou seja, o inconsciente coletivo apresenta disposições latentes para reações idênticas. Ele nada mais é que a expressão psíquica da identidade da estrutura cerebral, independentemente de todas as diferenças raciais. Suas origens são desconhecidas e perdem-se no tempo.

Nise da Silveira lembra que a noção de arquétipo, introduzida por Jung, "postulando a existência de uma base psíquica comum a todos os seres humanos, permite compreender por que em lugares e épocas distantes aparecem temas idênticos nos contos de fadas, nos mitos, nos dogmas e nos ritos das religiões, nas artes, na filosofia, nas produções do inconsciente de um modo geral – seja nos sonhos de pessoas normais, seja em delírios de loucos".

Tipos psicológicos nada mais são do que imagens arquetípicas que fazem parte do patrimônio psíquico da humanidade e, assim sendo, desfaz-se o que poderia parecer um mistério: o fato de os tipos humanos serem os mesmos em qualquer ponto do planeta. Jung comparou os arquétipos a leitos de rios secos. Estes disponibilizam suas estruturas básicas que servem de itinerário para outros volumes de água que venham a preenchê-los. Ou, ainda, são aglomerados de imagens, sentimentos e idéias que fazem parte do histórico psíquico, comum a todos os seres humanos, porque foram vividos e poderão ser revividos individual ou coletivamente.

James Hillman e Erich Neumann, psicólogos que preferiram enveredar pelo terreno mitológico, Briggs e Myers, David Keirsey e Stephen Montgomery, que elegeram para estudo a pesquisa empírica dos temperamentos em ação, são, hoje, os nomes mais citados quando o assunto é autoconhecimento. As pesquisas dos dois últimos representam o estado-da-arte sobre caracteres, inteligências e temperamentos dos dezesseis tipos psicológicos.

OS 16 TIPOS PSICOLÓGICOS

ISTJ Inspetor	ISFJ Protetor	INFJ Conselheiro	INTJ Mente brilhante
ISTP *Crafter*	ISFP *Composer*	INFP *Healer*	INTP Engenheiro
ESTP *Promoter*	ESFP *Performer*	ENFP *Champion*	ENTP Inventor
ESTJ Supervisor	ESFJ Provedor	ENFJ Professor	ENTJ Marechal de campo

Obs.: As siglas são utilizadas pelos adeptos de Myers-Briggs. David Keirsey denominou os tipos de acordo com suas observações sobre os temperamentos em ação.
Em alguns casos, preferimos não traduzir os termos utilizados por Keirsey, porque não existe correspondência fiel na língua portuguesa.

ESTJ versus INFP

Os tipos são identificados por siglas formadas pelas letras E-I (extroversão ou introversão), S-N (sensação ou intuição), T-F (pensamento ou sentimento) e J-P (julgamento ou percepção). Saber o que cada letra significa é interessante, mas não basta agrupá-las e formar uma sigla para entender o tipo psicológico. **E** e **I**, extroversão e introversão, são atitudes e não funções mentais. Dizem respeito à orientação que as pessoas têm, o mundo onde preferem "viver": no ambiente externo (E) ou no interno (I). Esta preferência é a que mais demora para se firmar. Normalmente, por volta dos 20 anos ou mais.

Significado das siglas

ISTJ	=	**sensoriais** introvertidos com **pensamento** extrovertido
ISFJ	=	**sensoriais** introvertidos com **sentimento** extrovertido
INFJ	=	**intuitivos** introvertidos com **sentimento** extrovertido
INTJ	=	**intuitivos** introvertidos com **pensamento** extrovertido
ISTP	=	**pensadores** introvertidos com **sensação** extrovertida
ISFP	=	**sentimentais** introvertidos com **sensação** extrovertida
INFP	=	**sentimentais** introvertidos com **intuição** extrovertida
INTP	=	**pensadores** introvertidos com **intuição** extrovertida
ESTP	=	**sensoriais** extrovertidos com **pensamento** introvertido
ESFP	=	**sensoriais** extrovertidos com **sentimento** introvertido
ENFP	=	**intuitivos** extrovertidos com **sentimento** introvertido
ENTP	=	**intuitivos** extrovertidos com **pensamento** introvertido
ESTJ	=	**pensadores** extrovertidos com **sensação** introvertida
ESFJ	=	**sentimentais** extrovertidos com **sensação** introvertida
ENFJ	=	**sentimentais** extrovertidos com **intuição** introvertida
ENTJ	=	**pensadores** extrovertidos com **intuição** introvertida

Extroversão quer dizer curva para fora (mundo externo) e não desembaraço, facilidade de comunicação e interação com as pessoas, embora os extrovertidos sejam quase sempre mais falantes que os introvertidos. Extrovertidos enxergam o mundo externo como positivo, afirmativo e energizante. Eles preferem utilizar a parte mais desenvolvida de sua personalidade nesse mundo. Introvertidos divergem. Sua energia e atenção são dirigidas para o mundo interior e é neste que utilizam sua função dominante. Isso significa que todos os assuntos do mundo externo estão sujeitos à aprovação final da função dominante interiorizada.

Introvertidos são territoriais (defendem seu espaço), selecionam as amizades, apreciam trabalhar silenciosamente, saem cedo das festas, são bons ouvintes, demonstram independência em relação à opinião alheia e pensam antes de falar ou tomar decisões. Extrovertidos, ao contrário. Grande parte fala e age sem pensar. Gostam de conhecer e interagir com muita gente, escrevem e lêem enquanto vêem televisão, atendem ao telefone com prazer, apreciam festas, são sociáveis e precisam da aprovação dos outros.[4]

A distinção entre tipos extrovertidos e introvertidos indica a fonte, a direção e o foco da energia das pessoas. Estatísticas demonstram que os extrovertidos são maioria. Esse grupo constitui cerca de dois terços da população mundial.

As letras **S** (Sensação) e **N** (Intuição) referem-se ao processo de percepção, ou seja, como as pessoas se informam sobre o que ocorre fora e dentro delas. Sensoriais valorizam as informações que obtêm por intermédio dos sentidos e dão pouca ou nenhuma importância à intuição, contrariamente aos tipos intuitivos que, embora utilizem os sentidos, levam mais em conta as informações captadas pela função intuitiva (não mediada pelos sentidos).

Sensoriais, normalmente, preferem respostas específicas e exatas; concentram-se no que estão fazendo, não gostam de fazer mais de uma coisa ao mesmo tempo, preferem a ação à meditação, fatos e figuras em vez de idéias e teorias. Costumam ser organizados, lineares e viver para o "aqui e agora". Intuitivos tendem a pensar (e também fazer) mais de uma coisa ao mesmo tempo, são randômicos, aborrecem-se com detalhes, apreciam conhecimentos teóricos e abstrações e sua atenção é voltada para o futuro.

As letras **T** (pensamento, em inglês *thinking*) e **F** (sentimento, em inglês *feeling*) referem-se ao processo de análise e tomada de decisão. Os Pensadores (T) costumam utilizar raciocínio lógico, pensam primeiro e sentem depois. Isso não quer dizer que as pessoas que preferem usar a função pensamento não sejam sentimentais. Sentimento, neste contexto, refere-se a valores, gente. Os Sentimentais (F) têm grande capacidade empática (colocam-se facilmente no lugar dos outros), preferem harmonia e relacionamentos calorosos em lugar de justiça rigorosa (característica dos tipos Pensadores). Resumidamente, pode-se dizer que os Pensadores decidem com base em análise de fatos; pensam e sentem com a mente. Os Sentimentais tomam decisões baseados em valores (humanismo), pensam e sentem com o "coração".[5]

J (Julgamento) e **P** (Percepção) também são atitudes. Refletem o estilo da pessoa no mundo externo. Os Julgadores preferem ambientes estruturados, ordenados e controlados. São tipos compenetrados, acordam cedo, planejam o dia e as atividades, não apreciam surpresas (normalmente, perdem o controle se estas ocorrerem), são francos, diretos e não deixam nada por acabar. Os Perceptivos têm um comportamento mais espontâneo. Gostam de ambientes flexíveis, situações adaptáveis, possibilidade de explorar o desconhecido (e, por isso, apreciam surpresas), trabalham bem sob pressão, mas não sentem culpa por deixar tarefas ou decisões para o dia seguinte.

Interesses e aspirações

O psicólogo norte-americano David Keirsey, bebendo na fonte de Briggs-Myers, e apoiando-se em cinco décadas de trabalho, considerou mais produtivo estudar os temperamentos (sem descartar a tipologia introduzida por aquelas pesquisadoras), enfatizando o "motor" que move a vida das pessoas, ou seja, sua visão de mundo (concreta ou abstrata) e o que elas buscam realizar. Por isso, Keirsey dirigiu seus estudos para os temperamentos em ação, observando escolhas, padrões de comportamento, congruências e consistências.

Nesses estudos, percebeu que os tipos são movidos por aspirações e por interesses (ver notas no final do capítulo). O que são interesses? São o que nos motiva a viver, agir, progredir, enfim, ter um papel no mundo.

Aquilo que fazemos com interesse (motivados) e repetidamente se constitui em uma preferência que acaba nos caracterizando, dando um perfil à nossa personalidade. Segundo Keirsey, a personalidade apresenta dois aspectos principais: um é o temperamento e outro o caráter. Temperamento é uma configuração de inclinações naturais, enquanto o caráter é o resultado de hábitos. Em outras palavras, o temperamento é uma forma inata da natureza humana, enquanto o caráter é uma forma emergente, desenvolvida pela interação do temperamento com o meio ambiente. Enfim, caráter é disposição e temperamento é predisposição.

TEMPERAMENTOS E SUA ATUAÇÃO NO MUNDO

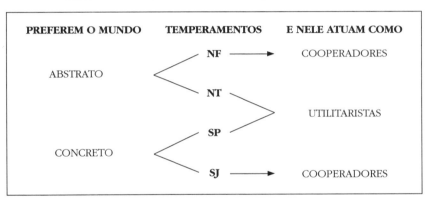

Sobre interesses e aspirações, Keirsey[6] observou que estão muito mais relacionados à função perceptiva (S ou N) do que à função de análise e tomada de decisão (T ou F), aquela totalmente instintiva, enquanto esta puramente racional. Por isso, sua teoria dos quatro temperamentos põe em destaque a sensação (S) e a intuição (N), funções mentais de percepção. Esta linha de trabalho representa um divisor de águas nos estudos da tipologia e do comportamento humanos.

S (Sensação) diz respeito a um mundo real e concreto, percebido pelos sentidos físicos, enquanto **N** (Intuição) está relacionada ao mundo das idéias e das abstrações. No caso dos tipos intuitivos (que representam apenas 15% da humanidade), o que os move não são interesses mas aspirações. Aspirar não é material nem uma ambição, mas um sonho.

Simplificando a idéia original de Jung, é mais adequado considerar os sensoriais como tipos predominantemente observadores, enquanto os intuitivos preferem praticar a introspecção. É fundamental fazer essa distinção e também atentar para o fato de que todos os indivíduos "normais" são observadores (em maior ou menor grau), porque vivem em um mundo dominado por fenômenos físicos, captados pelos sentidos.

Mas mesmo entre os tipos do mesmo grupo (S ou N) há comportamentos díspares, motivados por interesses diferenciados e uso otimizado de determinadas inteligências em detrimento de outras. Entre os sensoriais, as pessoas de temperamento SP inclinam-se para trabalhos relacionados à inteligência corporal e cinestésica, ou seja, que envolvem os órgãos dos sentidos quando não todo o corpo (caso dos atletas e dos bailarinos), e às inteligências espacial, musical e interpessoal. Por isso, são mais encontrados em profissões que podem ser rotuladas como arte, maestria, mestria ou artesania (têm facilidade para trabalhar com qualquer tipo de equipamento, ferramenta ou instrumento, do bisturi ao cinzel, pincel, tesoura, volante, formão, batuta, instrumentos musicais e até o fogão). Também são preocupados com técnicas e aperfeiçoamento constante, porque visam ao virtuosismo.

Os outros sensoriais, os tipos SJ, normalmente são atraídos por carreiras que envolvam negócios: administração, vendas, segurança, finanças etc. Pode-se afirmar que sua vocação é o trabalho material (ainda que, muitas vezes, de caráter humanitário), e apreciam resultados palpáveis, mensuráveis e contabilizáveis. Consideram-se o alicerce da sociedade e, quase sempre, são moralistas.

Os intuitivos NF dirigem-se naturalmente para a área de ciências e estudos humanos (Humanidades), artes finas e terapia (não importa a modalidade). Confiam mais na intuição do que nos sentidos e preferem tomar decisões baseados em valores humanos. Preocupam-se extremamente com Ética e essa condição os torna, muitas vezes, defensores de grandes causas humanitárias. Distinguem-se, também, no ensino, no Direito e na diplomacia. São notáveis em pessoas deste temperamento as inteligências lingüística (grandes poetas e escritores), interpessoal e intrapessoal.

Finalmente, os intuitivos NT apresentam apreço natural por profissões relacionadas com as ciências (exatas, principalmente) e sua atuação pode ter caráter prático (engenheiros, inventores, arquitetos, químicos, físicos, por exemplo) ou teórico (pesquisadores, filósofos, teóricos do direito e da economia). Têm vocação natural para trabalhar com organização, métodos e sistemas. Em empresas, são os superlíderes. Embora intuitivos como os NF, submetem tudo à razão (são os mais cartesianos de todos os tipos). Têm grande inteligência lógico-matemática, espacial e, em alguns casos, interpessoal e musical.

Um retrato bastante resumido dos quatro temperamentos, inspirado nos textos publicados por Keirsey e Montgomery e, principalmente, fruto de observação e validação pessoal, em sessões de aconselhamento, que realizamos, é apresentado abaixo:

PREFERÊNCIAS E CARACTERÍSTICAS DOS 4 TEMPERAMENTOS

	Artesãos (SP)	Guardiães (SJ)	Idealistas (NF)	Racionais (NT)
Mundo favorito	Concreto	Concreto	Abstrato	Abstrato
Talentos	Táticos	Logísticos	Diplomáticos	Estratégicos
Inteligências mais evidentes	Corporal e cinestésica Musical	Lógico-matemática Interpessoal	Interpessoal Intrapessoal Lingüística	Lógico-matemática Espacial
Foco em	Ações	Resultados	Ideais	Idéias
Hábeis com	Instrumentos	Materiais	Pessoas	Sistemas
Inclinação para	Técnica	Moralidade	Ética	Invenção
Interesse principal	Artes (*lato sensu*)	Administração e negócios	Desenvolvimento e promoção humana	Tecnologia e ciência
Confiam em	Impulsos	Autoridade	Intuição	Razão
Objetivo	Virtuosismo	Execução	Sabedoria	Sapiência
Disposição para	Hedonismo	Estoicismo	Altruísmo	Pragmatismo
Humor	Agitados	Compenetrados	Entusiasmados	Fleumáticos
Valorizam	Generosidade	Gratidão	Reconhecimento	Deferência
Orgulham-se de ter	Habilidade	*Status* social	Empatia	Engenhosidade
Auto-afirmação na	Audácia	Beneficência	Compaixão	Autonomia
Liderança	Situacional	Estabilizadora	Catalisadora	Visionária
Comportamento	Utilitarista	Cooperador	Cooperador	Utilitarista

ARTESÃOS – SP

São utilitaristas para implementar metas. Seus talentos inatos são táticos, o que os torna excelentes **promotores** de vendas, eventos e afins; profissionais de marketing, lobistas, apresentadores e animadores de TV e políticos; **técnicos** ou *crafters*: carpinteiros, marceneiros, operários especializados, motoristas, instrumentistas. E, também, médicos clínicos (normalmente, trabalham com equipamentos para fazer diagnósticos) e, sobretudo, pilotos de competição e de aeronaves, armeiros e atiradores, atletas em geral; *performers*: atores, mágicos, mímicos, cantores, animadores de festas, dançarinos, malabaristas, alguns jogadores de futebol; **compositores (*composers*)**: pintores, escultores, decoradores, tapeceiros, ilustradores, diagramadores, produtores de sites, músicos, cineastas, cenógrafos, coreógrafos, mas também ortodontistas, cirurgiões plásticos e esteticistas.

São audaciosos, determinados e autoconfiantes; gostam de estar no centro de um "palco", seja este real ou imaginário. Apreciam a excitação, o movimento, as novidades. São otimistas em relação ao futuro, embora prefiram viver no presente. Educacionalmente, dirigem-se, com mais freqüência, para artes e ofícios. Preocupam-se em apurar a técnica, pois seu grande objetivo é tornarem-se virtuoses naquilo que fazem.

Como a função sensorial é a preferida, são os tipos mais hedonistas dentre todos. As coisas somente fazem sentido se envolverem prazer; não se sujeitam a trabalhar no que não gostam (aliás, isso seria fonte de grande infelicidade).

São bons companheiros para quem aprecia os prazeres da vida e hábeis negociadores. No Brasil, devem ser maioria (± 50% da população), haja vista o Carnaval, a música, a telenovela, o futebol e o automobilismo, territórios povoados e apreciados, sobretudo, por pessoas SP (Artesãos).

GUARDIÃES – SJ

São cooperadores para implementar metas. Seus dons naturais podem ser denominados logísticos, o que os impulsiona para ocupações em que possam ser **supervisores**, **inspetores**, **provedores** e **protetores**, principalmente se tiverem cargos executivos. Os SJ são os tipos preferidos para trabalhar nas empresas. Os ESTJ e os ISTJ compõem mais de um terço da força de trabalho nas indústrias, especialmente em cargos de comando, em diversos países, inclusive no Brasil.

Têm orgulho de si mesmos, porque são eficientes ao agir; respeitam-se pelo que fazem e têm autoconfiança na medida em que são respeitados. Imbuídos de um forte senso de dever, gostam de pertencer a uma família, a grupos sociais, patrióticos e filantrópicos (valorizam *status* social). Consideram-se o esteio moral da sociedade e guardiães de seus valores. Educacionalmente, encaminham-se para o comércio, administração, negócios, política e carreiras tradicionais.

Tendem a ser socializadores (doutrinadores) e estabilizadores, como líderes. No Brasil, devem representar cerca de 35% da população. Exs.: empresários, banqueiros, dirigentes de escolas, empresas e instituições do terceiro setor; bombeiros, policiais, vigilantes, agricultores, enfermeiros, assistentes sociais, secretários, comissários de bordo. Dentre os quatro temperamentos são os mais facilmente reconhecíveis pelo uso de uniformes, fardas, insígnias, comendas etc.

IDEALISTAS – NF

Como os SJ, são cooperadores para implementar metas. A diferença é que estes oferecem o apoio material e os NF, apoio psicológico e moral. Seus talentos naturais podem ser rotulados como diplomáticos (uso eficiente das inteligências interpessoal e lingüística), o que os torna excelentes **professores**, **conselheiros**, **diplomatas** e **terapeutas**. Sentem orgulho de sua capacidade de ter empatia, respeitam-se por serem benevolentes e ganham autoconfiança na medida em que são autênticos. Confiam na intuição e apreciam o romance. São altruístas; acreditam em um futuro melhor. Grande parte cultiva o misticismo, empenhando-se seriamente nesses estudos. Educacionalmente, preferem Humanidades. Podem devotar-se à arte e, surpreendentemente, também à ciência. Vocacionalmente, encaminham-se para atividades que envolvam pessoas e são muito preocupados com ética. Tendem a ser harmonizadores e catalisadores, como líderes. Estes tipos são raros. Mundialmente, compreendem cerca de 8% da população.

RACIONAIS – NT

Embora prefiram o mundo da abstração, os racionais são utilitaristas para implementar metas, ou seja, suas teorias e invenções visam à utilização no mundo empírico. Naturalmente dotados de capacidades que podem ser denominadas, genericamente, como talentos estratégicos (respaldados sobretudo no raciocínio lógico e na intuição), costumam ser excelentes **estrategistas** militares e empresariais, **pensadores**, **inventores** e "**engenheiros**". Saem-se tão bem nessas áreas que, muitas vezes, parecem "mágicos". Sentem orgulho por serem engenhosos; respeitam-se na medida em que são autônomos e ganham autoconfiança quanto maior for sua força de vontade. Valorizam o conhecimento e confiam exclusivamente na razão.

Educacionalmente, sentem-se atraídos em especial pelas ciências; vocacionalmente, gostam de trabalhos que envolvam sistemas e são muito interessados em invenção e tecnologia. Tendem a ser individualistas e visionários, como líderes. Os racionais também são raros: cerca de 7% da população mundial.

Um contingente respeitável trabalha em pesquisa científica avançada ou no ensino de nível superior (principalmente mestrado e doutorado), mas também se encontram muitos NT trabalhando em empresas, onde aplicam sua inteligência estratégica para planejar, coordenar e organizar. São notáveis, ainda, na área de informática e em laboratórios farmacêuticos (como pesquisadores de novas drogas). Grande parte se dedica à Química, à Biologia e à Física, à Engenharia e à Arquitetura.[7]

NOTAS

1. *Não é escopo deste trabalho tecer comentários ou especular sobre o fato de os temperamentos, em todas as épocas, terem sido identificados como sendo quatro. É interessante, no entanto, citar as observações do Dr.* Stephen Montgomery, *psiquiatra norte-americano, coordenador do Projeto Pigmalião, em seu livro* People patterns – A modern guide to the four temperaments *(Archer Publications, 2002). Montgomery chama a atenção para curiosidades. Os quatro personagens principais da bem-sucedida série* Harry Potter, *por exemplo, representam os quatro temperamentos: o bruxinho Harry (NF), seus amigos Hermione (NT), Ron Weasley (SJ) e o gigante Hagrid (SP).*

2. *A mitologia como via para entender o comportamento humano (psicologia arquetípica) começou a ser intensamente utilizada na década de 1970. O termo "Psicologia Arquetípica" apareceu na literatura especializada, pela primeira vez, naquele ano. James Hillman, ex-discípulo de Jung, utilizou essa expressão em um artigo publicado na revista* Spring, *que abordava uma nova maneira de pensar a psicologia junguiana. O conceito de arquétipo é reconhecidamente a contribuição mais importante do psicólogo suíço: com ele, abriram-se enormes janelas para compreender a "alma", porque "arquétipo pertence a toda a cultura, a todas as formas de atividade humana... Assim, os vínculos primários da psicologia arquetípica são mais com a cultura e a imaginação do que com a psicologia médica e empírica" (James Hillman,* Psicologia arquetípica: um breve relato, Cultrix, 1995).

3. *Comentário feito em entrevista ao jornal* O Estado de S. Paulo, *24/3/2004.*

4. *A respeito de extroversão (E) e introversão (I), a obra de David Riesman,* The lonely crowd, *escrita em meados do século vinte, tornou-se um clássico da psicologia social, por distinguir claramente os tipos autônomos daqueles que precisam da aprovação social. Estes necessitam de um "radar" para informar-se sobre o que os outros esperam deles (sensoriais extrovertidos, principalmente) e aqueles utilizam uma "bússola" interna como guia (intuitivos introvertidos, mais freqüentemente).*

5. *Jung dizia que não se deve confundir sentimento com amor: "esse é um lamentável equívoco, um empobrecimento da linguagem". Como ele era pensador, demorou a perceber que havia pessoas que tomavam decisões de uma forma diferente da dele. Concluiu que elas eram "os tipos sentimentais".*

6. *Em relação a interesses e aspirações, tanto Keirsey quanto Montgomery citam o filme* O mágico de Oz, *em que aparecem nitidamente os interesses dos quatro temperamentos, ou seja, o motor que move suas vidas. O leão covarde está à procura de coragem, uma característica forte dos SP; a insegura Dorothy quer voltar ao lar, o porto seguro que os SJ tanto valorizam; o homem de lata almeja conseguir um coração (NF), para poder amar, e tudo o que o espantalho deseja é um cérebro (NT).*

7. *A existência de categorias (em termos de temperamentos) e tipologias (tipos psicológicos) costuma ensejar críticas de estudiosos e intelectuais, que concluem apressadamente ser essa uma forma de enquadrar a humanidade em modelos ou estereótipos. Um modelo de personalidade não é uma personalidade. Esta é dinâmica: além do temperamento inato, apresenta uma herança genética e sofre influências contínuas dos ambientes.*

CAPÍTULO 2

Considerações sobre inteligência

O conceito de inteligência, vigente até os anos 1980, está totalmente ultrapassado. E a caducidade começou bem antes dessa data. Na verdade, as tentativas de saber como o intelecto funciona são bem mais antigas e os métodos para testar a inteligência, idem.

Uma guinada nesse campo começou a tomar vulto a partir da década de 1920, quando o psicólogo suíço Jean Piaget passou a observar o comportamento das crianças. As descobertas desse pesquisador desmontaram o programa de Binet-Simon, em que se baseiam os testes de QI, provando que ele é cegamente empírico. Apenas marginalmente, esses pesquisadores se preocuparam em saber como a mente funciona. Eles não nos legaram nenhuma visão de processo (por exemplo, como se procede para resolver determinado tipo de problema); apenas se limitaram à questão de o indivíduo chegar a uma resposta correta.

Piaget comprovou que o indivíduo está sempre procurando conhecer o mundo, saber como as coisas funcionam, formulando hipóteses, percebendo as interações, tentando descobrir como é a natureza e o que está por trás do comportamento humano. Segundo ele, ao chegar à adolescência, um jovem é capaz de raciocinar sobre o mundo não somente por meio de ações ou de símbolos isolados, mas compreendendo relações de causa e efeito.

Apesar de amplamente adotada por educadores e psicólogos, durante décadas, a linha piagetiana, como as que a precederam e também contemplam apenas aspectos de lógica e lingüística, foi ultrapassada, em muitos pontos, por novas descobertas. Em pleno século vinte e um, a teoria mais difundida é a das "inteligências múltiplas", desenvolvida pelo neurocientista Howard Gardner, citado na Introdução. Este pesquisador, entretanto, ainda considera particularmente úteis as concepções piagetianas acerca da inteligência lógico-matemática e da inteligência espacial.

Gardner, também professor da Harvard School of Education, observou que durante grande parte do século vinte o interesse central eram as capacidades simbólicas humanas. O uso dos símbolos foi a chave para a evolução da natureza humana. Foi por meio deles que surgiram a linguagem, o mito, a arte e a ciência.[1]

Sem descartar as importantes contribuições de outros pesquisadores, Gardner focou seu interesse não apenas nos símbolos lingüísticos, lógicos e numéricos (teoria piagetiana clássica). Ele ampliou seu estudo para símbolos que abrangem os sistemas musical, corporal, espacial e pessoal. Embora encontrasse resistência em amplos setores da ciência, sabia, ao publicar sua obra, que em breve as ciências biológicas seriam capazes de oferecer uma explicação convincente para esses fenômenos intelectuais. A neurociência, particularmente, está caminhando a passos largos nesse sentido.

Sobre a flexibilidade do desenvolvimento humano, Gardner concluiu que a natureza não oferece uma resposta satisfatória sobre a identidade dos tipos de cognição. Para que tal ocorra, é necessário atentar para a cultura em que o indivíduo vive, porque é ela que vai possibilitar ou não o desenvolvimento das competências intelectuais. Quanto a estas, admite duas perspectivas. A primeira: o desenvolvimento é preordenado, alterável apenas em detalhes. A segunda: há muito mais maleabilidade ou plasticidade no desenvolvimento com intervenções adequadas em momentos cruciais, produzindo um organismo com uma gama muito diferenciada e profunda das capacitações. Nesse caso, quando se cotejam as teorias sobre as inteligências com estudos antropológicos e sociológicos, percebe-se com nitidez a influência que o meio exerce sobre o desenvolvimento das competências.

Para o estudo dos tipos psicológicos, tanto a perspectiva do desenvolvimento preordenado quanto a da maleabilidade são válidas. Desde os trabalhos pioneiros de Jung, sabe-se que os dons são inatos e que o grau de seu desenvolvimento dependerá do ambiente, das experiências vividas pelo indivíduo e da quantidade de escolhas que tiver feito, principalmente nas duas primeiras décadas da vida. É por meio da herança genética e da interação com o ambiente que se forma a personalidade, ou a individuação, para usar a terminologia junguiana.[2]

Neste aspecto, Gardner tem algo a acrescentar: "Quanto à questão da identidade, estão se acumulando evidências de que os seres humanos são predispostos a desempenhar algumas operações intelectuais específicas, cuja natureza pode ser inferida a partir da observação e experimentação cuidadosa". Entretanto, salienta que "não há e jamais haverá uma lista única, irrefutável e universalmente aceita de inteligências humanas".

Quantas são as inteligências?

Embora haja autores que admitam existir, e ser passível de identificação, um número bem maior de inteligências do que as sete descritas por Gardner, este pesquisador tem o mérito de ter abraçado o estudo dessas "potencialidades humanas" e de apresentar fatos convincentes.

A primeira inteligência destacada na obra *Estruturas da mente* é a **lingüística**, que Gardner exemplifica com a poesia. Afirma que na luta do poeta com o fraseado de uma linha ou de uma estrofe entram em funcionamento alguns aspectos centrais desse tipo de inteligência. "O poeta deve ser superlativamente sensível às nuanças do significado das palavras. Além disso, os significados das palavras não podem ser considerados isoladamente."

A semântica (significado das palavras) não é o único território que o poeta deve dominar. Os sons são igualmente importantes, para dar ritmo, métrica, formar rimas e, nesse aspecto, o aparelho auditivo tem grande valor. Por outro lado, há a questão da construção das frases, das regras de gramática, umas intuídas, outras aprendidas. E, finalmente, é preciso conhecer e reconhecer as funções pragmáticas, que determinam o estilo (clássico, romântico, satírico, moderno etc.).

Diz Gardner que a maioria dos seres humanos não é poeta, mas todos possuímos essa sensibilidade em graus diferentes e significativos. "A competência lingüística é a inteligência mais democraticamente compartilhada na espécie humana", afirma.

Naom Chomsky e Claude Lévi-Strauss, aquele lingüista e este antropólogo, acreditam que toda a linguagem foi adquirida em um único momento, no tempo. A essa idéia se contrapõe Gardner, que considera a competência lingüística humana fruto da evolução. "Muito possivelmente, várias características pragmáticas da linguagem humana evoluíram a partir de expressões emocionais e capacidades gestuais, que compartilhamos com os primatas."

Há, ainda, outro aspecto a considerar: a capacidade de surdos poderem adquirir linguagem natural comprova não ser a inteligência lingüística totalmente dependente do aparelho auditivo. O ponto central é o cérebro. Os mecanismos semânticos aparecem em regiões esparsas do hemisfério esquerdo, enquanto os processos sintáticos são mediados pela área de Broca. As funções pragmáticas da linguagem, acredita-se, parecem depender de estruturas que têm sede no hemisfério direito.

A compreensão da inteligência lingüística e sua estreita relação com o ouvido conduzem o pesquisador a enveredar por outro caminho, o da **inteligência musical**, até bem pouco tempo não reconhecida como tal. Diz Gardner: "De todos os talentos com que os indivíduos podem ser dotados, nenhum aparece mais cedo do que o talento musical".

Essa afirmação traz à lembrança alguns talentos precoces, como Mozart. Gardner acredita que, nesses casos, pode existir um talento central herdado; "porém, claramente, outros fatores também se encontram em funcionamento. No mínimo, a extensão na qual o talento é expresso publicamente dependerá do meio em que se vive". Ter nascido em Viena e contar com a proteção real foram fatores decisivos para a genialidade e a imortalidade de Mozart.

Stravinsky é outro exemplo citado. Aos 2 anos de idade, ele conseguiu decorar a canção das camponesas que passavam pelo caminho de sua casa. O garoto não apenas repetiu a letra como também a música, o que causou enorme espanto em seus pais.

Em algumas culturas, a inteligência musical é estimulada muito cedo. Em uma tribo da Nigéria, os Anang, os bebês começam a ser introduzidos na música e na dança com uma semana de vida. Quando atingem 5 anos de idade, já têm um repertório de mais de uma centena de canções e podem tocar diversos instrumentos de percussão, além de dançar.

Tal como ocorre com a linguagem, a música é uma competência intelectual separada, independente de objetos físicos presentes no ambiente, acredita Gardner: "A destreza musical pode ser elaborada até um grau considerável simplesmente através da exploração e do aproveitamento do canal oral-auditivo".

Entretanto, a localização de capacidades musicais no hemisfério direito (a linguagem está relacionada ao hemisfério esquerdo) sugeriu que determinadas capacidades musicais podem estar intimamente ligadas à inteligência espacial.

Relacionar música com matemática é um tema recorrente. Pitágoras já fazia isso cinco séculos antes de Cristo e, na Idade Média, das aulas de música faziam parte proporções, padrões, regularidades. Contudo, assegura Gardner que a competência musical é um domínio intelectual autônomo.

Pode-se considerar normal a idéia de vincular esse tipo de competência à inteligência lógico-matemática, uma vez que esta foi erigida, desde tempos imemoriais, como a inteligência das inteligências, por meio da qual todo o conhecimento derivaria.

A **inteligência lógico-matemática** foi bastante estudada por Piaget em crianças. Ele registrou os momentos em que estas ultrapassam o mero registro de observação empírica dos objetos para a abstração. Segundo esse pesquisador, somente próximo dos dois anos de vida, a criança se dá conta de que os objetos à sua volta continuarão a existir mesmo se forem retirados do ambiente.

Por volta dos sete anos de idade, a mente humana estará preparada para apreender noções de matemática profundas.[3] Isso quer dizer, também, ciência, uma vez que aquela é a ferramenta principal desta, especialmente para explicar a realidade física.

A inteligência lógico-matemática está sediada principalmente no hemisfério esquerdo, quadrante inferior (ver figura na Introdução), onde os neurocientistas identificam a função pensamento. No entanto, Gardner não tem tanta certeza. Ele acredita que as funções mentais relacionadas com a inteligência lógico-matemática se manifestam em diversas partes do cérebro. Possivelmente, ele deve ter levado em conta as contribuições de cientistas e pensadores como Tales de Mileto, Arquimedes, Euclides e Aristóteles, na Idade Antiga, e depois Descartes, Newton, Einstein e Jung, que – além da função pensamento bem desenvolvida – utilizaram paralelamente a intuição, sediada no quadrante superior do hemisfério direito.

Uma mente pensadora (que utiliza principalmente raciocínio lógico) é normalmente encontrada entre os matemáticos, que apresentam, indubitavelmente, grande capacidade para manejar uma longa cadeia de raciocínios e são muito talentosos para estabelecer padrões. Entretanto, somente com a união de pensamento e intuição é possível tecer complexas teorias de Economia e tratados de Filosofia e Direito, fazer descobertas no campo da Física e da Astronomia, por exemplo, ou traçar o plano urbanístico de uma nova cidade.

A citação de nomes exponenciais pode induzir à falsa conclusão de que a inteligência lógico-matemática é um privilégio de pessoas superdotadas ou das sociedades mais desenvolvidas. Gardner afirma que o pensamento lógico-matemático é universal. As experiências de Piaget comprovam que o sucesso na resolução de operações matemáticas está relacionado à cultura. São os estímulos e as exigências próprias de uma cultura que incitam ao maior ou menor desenvolvimento do raciocínio lógico.[3]

A **inteligência espacial** foi exaustivamente estudada por Jean Piaget, porque ele a considerava um componente da inteligência lógico-matemática. Seus estudos o levaram à sofisticação de distinguir entre o conhecimento "figurativo" (o indivíduo forma uma imagem mental a partir da retenção de um objeto) e o "operativo". Neste, o indivíduo tem a capacidade de atuar sobre o objeto conhecido e transformar suas configurações. Segundo Gardner, essa distinção (intuída ou observada por Piaget) demarca a linha divisória entre a configuração estática e a operação ativa.

A operação ativa começa a desenvolver-se mais intensamente a partir do momento em que a criança entra para a escola. Nesse ambiente, ela pode manipular muito mais objetos, vê-los de diferentes perspectivas e girando no espaço, ou seja, a inteligência espacial nessa fase depende flagrantemente do concreto. Somente na adolescência, o jovem consegue apreender objetos de forma abstrata, tanto que, nas escolas formais, é nessa época que são introduzidos no estudo da Geometria.

Diz Gardner: "Assim, vemos uma progressão regular no domínio espacial, desde a capacidade do bebê de movimentar-se no espaço para a capacidade da criança em idade escolar manipular imagens estáticas e, finalmente, a capacidade do adolescente de ligar relações espaciais com declarações proposicionais. O adolescente, sendo capaz de reconhecer todas as organizações espaciais possíveis, encontra-se numa posição favorável para unir formas de inteligência lógico-matemática e espacial em um só sistema geométrico ou científico".

Outro aspecto importante relacionado à inteligência espacial é a capacidade que alguns indivíduos têm de situar-se e orientar-se em espaços amplos e "vazios" (sem sinais demarcatórios), como os esquimós do Pólo Norte, os beduínos do deserto e os navegantes solitários, a bordo de barcos ou canoas sem qualquer tecnologia de navegação.

Quanto à localização da inteligência espacial, Gardner não tem dúvida de que se situa no hemisfério direito do cérebro, principalmente nas partes posteriores, portanto relacionadas à intuição. Um bom exemplo que corrobora essa afirmação é a habilidade que os cegos apresentam neste campo. A pesquisadora Gloria Marmor, citada por Gardner, concluiu que crianças que não enxergam também são capazes de fazer rotação de figuras e reconhecer imagens de espelho.

A inteligência espacial foi desenvolvida muito cedo entre os humanos, especialmente no que se refere a aspectos da orientação geográfica. A habilidade para orientar-se nos espaços físicos já era notável entre os primatas[4] e, na pré-história, teve importância crucial para os homens que precisavam cruzar extensas áreas em busca de caça e raízes, para alimentar a família, e retornar sãos e salvos para suas aldeias.

Manifesta-se cedo nos bebês e pode ser desenvolvida ao longo da vida. Mas algumas pessoas conseguem proezas não acessíveis à maioria dos mortais. Incluem-se neste rol os inventores, como Nicolas Tesla, Thomas Edison e Alberto Santos Dumont; artistas como Rodin, Michelangelo e Rafael, por exemplo; arquitetos e engenheiros, de que são exemplos Le Corbusier, Lúcio Costa, Ramos de Azevedo, Lina Bo Bardi e Oscar Niemeyer, entre outros.

As "novas" inteligências

As revelações sobre as peculiaridades das inteligências costumam surpreender a maioria das pessoas, mesmo aquelas dedicadas à psicologia e à educação. Observamos, em conversas sobre o tema, que para a maioria é difícil compreender que o uso do corpo ou de determinadas partes dele, como os pés, as mãos e os dedos, de forma "virtuosa", se constitua em uma inteligência (**corporal** e **cinestésica**). É uma visão nova – já comprovada pela ciência e, mesmo assim, sob resistência em alguns meios científicos – que os ginastas, os jogadores de futebol e os bailarinos têm certo tipo de inteligência não observável em grande parte da população. E o que dizer dos pintores, dos escultores, dos joalheiros e dos cirurgiões? A habilidade com que manejam pincéis, cinzéis e bisturis é, logicamente, desenvolvida pelo uso, mas já está presente em maior grau em seu cérebro desde o nascimento.

Howard Gardner se defrontou com a dificuldade de colocar no mesmo nível as inteligências "mentais" e as "corporais". O divórcio entre o mental e o físico, diz, se deve à noção bastante disseminada na cultura ocidental de que o que fazemos com o corpo tem menos valor do que aquilo que elaboramos mentalmente, em especial a resolução de problemas, a linguagem e a utilização de símbolos.

Ele cita um experimento realizado por Frederic Barlett, que fez uma análise criteriosa das habilidades relacionadas com a função perceptiva (sensação)[5] observando jogadores de futebol, operadores de máquinas e ferramentas, cirurgiões e *performers* em geral. Barlett concluiu que "todos os desempenhos hábeis incluem uma noção estrita de ritmo, em que cada trecho de uma seqüência se encaixa no fluxo, de maneira primorosa e elegante; existe um senso de direção, uma meta clara para a qual a seqüência converge", ou seja, "ao longo dos anos, o *performer* sumamente hábil desenvolveu uma família de procedimentos para traduzir a **intenção** em **ação**" (destaques nossos).

A inteligência corporal pode ser expressa por todo o corpo – como é o caso dos ginastas, dos bailarinos, dos nadadores, dos jogadores de futebol – ou estar circunscrita a algumas partes, como o rosto, no caso dos mímicos e dos atores de cinema; as mãos e os dedos, no caso dos joalheiros, cirurgiões, pintores, pianistas, atiradores e digitadores; os músculos da boca e da garganta, para os instrumentistas de sopro e os cantores etc.

O neurocientista brasileiro Miguel Nicolelis (já citado), que dirige o laboratório da Duke University (EUA) e é um apaixonado por futebol, afirma que "o cérebro se adapta para usar ferramentas como se fossem extensões do corpo humano... e para o cérebro a bola é uma extensão da representação do pé. Nos Estados Unidos, o exemplo é o taco de beisebol, que funciona como extensão da mão do jogador. Quando eles rebatem a bola, dizem que sentem se a bola vai vir redonda ou quadrada, que sentem a vibração na ponta do bastão".[6]

Roger Sperry, neurocientista laureado com o Nobel de Fisiologia (1981), também já citado, lembra que se deve considerar a atividade mental como meio para atingir um fim, que é a execução, ou seja, a ação. Segundo entende, o cérebro apenas refina o comportamento motor do organismo; quer dizer, está a serviço deste.

Manfred Clynes, outro neurocientista citado por Gardner, observou que "muitos programas motores fazem parte do dote genético do primata". Entretanto, assegura, "pelo menos uma dimensão da atividade motora humana – e talvez a mais importante – parece estar restrita à nossa espécie: a dominância, o potencial para que uma metade do corpo (e uma metade do cérebro) assuma a ascendência numa gama de atividades motoras e perceptivas". Particularmente, a dominância do hemisfério esquerdo do cérebro, na atividade motora, é incontestável.

As outras inteligências "novas" – que ganharam amplo espaço na mídia sob a denominação de inteligência emocional – são as pessoais, a saber: a **inteligência intrapessoal** e a **inteligência interpessoal**. Como a própria denominação sugere, a primeira ocupa-se do desenvolvimento interno da pessoa, do acesso à vida psíquica (afetos, emoções, traumas), possibilitando a quem a possui em grau desenvolvido rotulá-las, envolvê-las e basear-se nelas para assumir atitudes e comportamentos. O mais primário dos atos, neste âmbito, é a capacidade que um ser humano tem de distinguir entre o prazer e a dor. Partindo deste ponto, é possível elaborar complexas teias de emoções e sentimentos, muito bem descritos por escritores como Dostoiévski, Tolstói, Thomas Mann, Herman Hesse, Machado de Assis e Clarice Lispector, bem como poetas: Fernando Pessoa, T. S. Elliot, Federico García Lorca, Sylvia Plath e Hilda Hilst, só para citar alguns nomes.

Quanto ao desenvolvimento e à expressão dessa inteligência, António Damásio afirma em *O mistério da consciência* que, "mesmo sendo verdade que o aprendizado e a cultura alteram a expressão das emoções e lhes conferem novos significados, as emoções são processos determinados biologicamente, e dependem de **mecanismos cerebrais estabelecidos de modo inato** (destaque nosso), assentados em uma longa história evolutiva". Conclui, também, que "a variedade de reações emocionais é responsável por mudanças profundas na paisagem do corpo e do cérebro" e que o "conjunto dessas mudanças constitui o substrato para os padrões neurais que, em última instância, se tornam sentimentos de emoção".

Já a **inteligência interpessoal** dirige-se para fora, para as outras pessoas. Indivíduos dotados de um bom nível de inteligência interpessoal observam o comportamento de outrem e sabem fazer distinções de humores, disposições e até de intenções. Esta capacidade é um diferencial para quem trabalha com Educação (professores, principalmente), na área do Direito e na Diplomacia. Também líderes políticos e religiosos, quando dotados de inteligência interpessoal desenvolvida, conseguem influenciar grupos com suas idéias e ideologias. A inteligência interpessoal é muito útil para os terapeutas, principalmente se estiver aliada à inteligência intrapessoal.

É razoável concluir que, dentre todas as inteligências, as pessoais são as que mais sofrem influência da cultura e, por isso mesmo, menos passíveis de identificação e comprovação por pesquisadores que não façam parte de tal cultura. Entretanto, Howard Gardner atribui-lhe extrema importância em todas as sociedades do mundo e afirma que, infelizmente, as inteligências pessoais "tendem a ser ignoradas ou minimizadas por quase todos os estudiosos da cognição". Segundo entende, "esta omissão produziu uma concepção de intelecto que é excessivamente parcial e torna difícil o entendimento das metas de muitas culturas e o modo como estas metas são atingidas".[7]

O motivo para esse desleixo talvez esteja relacionado ao fato de ambas as inteligências terem por sede a função sentimento. Durante muitos séculos, na ciência, vigorou a visão cartesiana de que a razão (que para Descartes significava, sobretudo, raciocínio lógico-matemático) era a suprema inteligência, o que, atualmente, os neurocientistas concluíram ser um erro clamoroso. Relembrando a representação gráfica da mente, mostrada na Introdução, verifica-se que as funções de análise e de tomada de decisão (pensamento e sentimento) estão lado a lado no hemisfério inferior do cérebro.

Segundo Gardner, as inteligências pessoais refletem a capacidade humana de processar informações e já são observáveis (especialmente a interpessoal) nos bebês: "A história evolutiva e a cultural aliaram-se para tornar esta ligação de apego [com a mãe] um componente indispensável do crescimento normal... É nestes fortes laços – e nos sentimentos que os acompanham – que as origens do conhecimento pessoal podem ser encontradas".

Ao longo de seu crescimento, a criança passará a desenvolver em maior ou menor grau sua capacidade de autoconhecimento (inteligência intrapessoal) e de relacionamento com os outros (inteligência interpessoal). Vale citar o que diz Gardner sobre o desenvolvimento deficiente destas inteligências: "quanto menos uma pessoa entender seus próprios sentimentos, mais cairá presa deles; quanto menos a pessoa entender os sentimentos, as respostas e o comportamento dos outros, mais tenderá a interagir inadequadamente com eles e, portanto, falhará em assegurar seu lugar adequado dentro da comunidade maior".

António Damásio afirma que "existe algo acentuadamente característico no modo como as emoções vincularam-se às idéias, valores, princípios e juízos complexos que só os seres humanos podem ter". Neste sentido, Damásio atribui especial importância à consciência, "pois somente em conjunção com o advento de um sentido do *self* os sentimentos tornam-se conhecidos pelo indivíduo que os tem".

Parece que grande parte da humanidade não tem ciência de *todos* os seus sentimentos, hipótese que levou o neurocientista português a investigar três estágios do processamento dos sentimentos: "*um estado de emoção*, que pode ser desencadeado e executado inconscientemente; *um estado de sentimento*, que pode ser representado inconscientemente, e *um estado de sentimento tornado consciente*, isto é, que é conhecido pelo organismo que está tendo emoção e sentimento... Em suma, a consciência tem de estar presente para que os sentimentos influenciem o indivíduo que os tem, além do aqui e agora imediato; [...] por outro lado, os sentimentos produzem seus efeitos supremos e duradouros no teatro da mente consciente". Levando em conta estas afirmações, podemos inferir que somente os tipos preponderantemente sentimentais, particularmente os que integram o grupo dos NF (sentimentais intuitivos), são os que mais se guiam por seus sentimentos, vale dizer valores, para tomar decisões em todas as esferas da vida.[8]

MODO MAIS FREQÜENTE DE UTILIZAÇÃO DAS INTELIGÊNCIAS PELOS TEMPERAMENTOS

ARTESÃOS (SP)	IDEALISTAS (NF)
Corporal e cinestésica Espacial Musical Lingüística Lógico-matemática Interpessoal Intrapessoal	Interpessoal Intrapessoal Lingüística Lógico-matemática Espacial Musical Corporal e cinestésica
GUARDIÃES (SJ)	**RACIONAIS (NT)**
Lógico-matemática Interpessoal Lingüística Corporal e cinestésica Intrapessoal Espacial Musical	Lógico-matemática Espacial Lingüística Musical Interpessoal Intrapessoal Corporal e cinestésica

Obs.: 1) *Conclusões obtidas com base em nossa experiência em Educação e aplicação do MBTI* ®.
2) *O ordenamento corresponde à hierarquia observada.*

NOTAS

1. No livro Estruturas da mente, Gardner chama a atenção para o uso da palavra "inteligência". "Nós a usamos com tanta freqüência, que viemos a acreditar em sua existência como uma entidade mensurável e tangível genuína, em vez de considerá-la uma maneira conveniente de rotular alguns fenômenos que podem (mas é bem possível que não) existir. Assim sendo, as inteligências foram separadas, definidas e descritas estritamente para esclarecer questões científicas e fazer frente a problemas práticos permanentes."

2. Em 1952, o antropólogo Ralph Linton, em sua obra Cultural background of personality comentou que "qualquer que seja o cuidado com que o indivíduo seja treinado e o grau de perfeição de seu condicionamento, ele permanecerá um organismo distinto, com necessidades próprias e capacitado para pensar, sentir e agir com independência. Além disso, retém um grau considerável de individualidade. Sua integração na sociedade e na cultura não vai além das respostas aprendidas e, embora no adulto isso inclua a maior parte do que se chama personalidade, resta ainda uma boa porção de individualidade. Mesmo nas sociedades e culturas mais integradas nunca duas pessoas são exatamente iguais".

3. Comprovadamente, a maioria dos matemáticos fez suas grandes descobertas antes dos 35 anos de idade. A produtividade passa a decair após esse período não se sabe bem por quê.

4. Muita gente poderá argumentar que animais em posição inferior na escala evolutiva (peixes, aves migratórias e morcegos, por exemplo) também demonstram expressiva capacidade de orientação. Vale lembrar que esses animais dispõem de "equipamentos" físicos para essa finalidade. Os morcegos, por exemplo, têm uma espécie de radar.

5. É importante notar, porém, que o neurocientista Ned Herrmann "localiza" a inteligência cinestésica no quadrante direito inferior do cérebro, portanto relacionada à função sentimento. Esse tipo de inteligência é, de fato, mais encontrada em profissionais "sentimentais", ou seja, aqueles que dirigem suas atividades para o bem-estar das pessoas, entre os quais se incluem os cirurgiões (plásticos, especialmente), os fisioterapeutas, os ourives, os atores, os mágicos, os malabaristas e os mímicos.

6. Entrevista ao jornal O Estado de S. Paulo, ed. de 24 de março de 2004.

7. A esse respeito, é interessante destacar o que concluiu o antropólogo Clifford Geertz, que se dedicou ao estudo de culturas primitivas. Em Java, onde trabalhou na década de 1950, encontrou uma população tão interessada em entender o "eu" quanto os intelectuais europeus. Mais: sabem distinguir perfeitamente o subjetivo do objetivo, mesmo as pessoas menos cultas ou informadas. Desta forma, esforçam-se para atingir níveis

civilizados em ambos os "mundos", praticando a meditação para o desenvolvimento interior e a etiqueta para o relacionamento exterior (citado em Estruturas da mente).

8. *Em O mistério da consciência, António Damásio esclarece que, mais que Darwin, William James e Freud, Hughlings Jackson foi quem pesquisou com maior precisão as emoções. "Ele deu o primeiro passo em direção a uma possível neuroanatomia da emoção, sugerindo que o hemisfério cerebral direito dos humanos provavelmente era determinante para a emoção, no mesmo grau em que o esquerdo era determinante para a linguagem" (pág. 59).*

CAPÍTULO 3

Os herdeiros da Terra: Artesãos

No percurso percorrido na tentativa de identificar os tipos psicológicos que representam a humanidade, tanto Isabel Myers quanto David Keirsey (e, particularmente, este) foram os *experts* que mais nos satisfizeram com suas descobertas. Ao discorrer sobre os dezesseis tipos, em que inserimos alguns nomes de celebridades mundiais e brasileiras, para melhor identificação pelo leitor, recorremos à nomenclatura e às siglas propostas por aqueles autores.

Denominamos "herdeiros da Terra" aos tipos sensoriais (SP ou Artesãos) e aos SJ (ou Guardiães), que representam 85% da população terrestre[1], mais afinados do que os intuitivos NF (Idealistas) e NT (Racionais) com o que o planeta oferece, em termos de realização pessoal. Os tipos SP diferem dos SJ porque preferem utilizar a **sensação** (sentidos) no mundo externo, enquanto os SJ utilizam a função **julgamento** (sentimento ou pensamento).

Movimento, virtuosismo e determinação

Comecemos pelos Artesãos. Pessoas de temperamento SP (sensoriais por excelência) são facilmente reconhecíveis, porque estão sempre em movimento mesmo que pareçam estar paradas, como o pintor em seu estúdio, por exemplo. Outra característica notável é o fato de serem expressivamente empreendedoras, particularmente os tipos extrovertidos (E) e pensadores (T), embora os sentimentais também sejam hábeis para promover e vender seus talentos.

Acreditamos que no Brasil do século vinte o maior exemplo de empreendedorismo foi Juscelino Kubitschek, hábil político e administrador, que conseguiu mudar a capital do país para a região central e construir uma cidade que, hoje, é patrimônio da humanidade. JK, como ficou conhecido, apresentava todos os traços que permitem identificar facilmente alguém pertencente ao grupo dos Artesãos: autoconfiança, iniciativa, otimismo, ação, carisma, audácia e brilho.

Essas mesmas qualidades são encontradas em empresários, em artistas do *show business*, em alguns jogadores de futebol, em celebridades do mundo da moda, da cosmetologia e das artes plásticas (principalmente promotores de eventos, curadores, *marchands* e relações-públicas). Artesãos também são notáveis no jornalismo, especialmente o eletrônico, como repórteres, editores e correspondentes internacionais.

Tipos psicológicos de temperamento SP (Artesãos)

ISTJ	ISFJ	INFJ	INTJ
ISTP	**ISFP**	INFP	INTP
ESTP	**ESFP**	ENFP	ENTP
ESTJ	ESFJ	ENFJ	ENTJ

Artesãos SP		
Operadores	ESTP (*Promoter*)
	ISTP (*Crafter*)
Entretedores	ESFP (*Performer*)
	ISFP (*Composer*)

Siglas consagradas por Isabel Myers. Denominações atribuídas por David Keirsey.

PREFERÊNCIAS E CARACTERÍSTICAS DOS ARTESÃOS

	Artesãos (SP)	Guardiães (SJ)	Idealistas (NF)	Racionais (NT)
Mundo favorito	Concreto	Concreto	Abstrato	Abstrato
Talentos	Táticos	Logísticos	Diplomáticos	Estratégicos
Inteligências mais evidentes	Corporal e cinestésica Musical	Lógico-matemática Interpessoal	Interpessoal Intrapessoal Lingüística	Lógico-matemática Espacial
Foco em	Ações	Resultados	Ideais	Idéias
Hábeis com	Instrumentos	Materiais	Pessoas	Sistemas
Inclinação para	Técnica	Moralidade	Ética	Invenção
Interesse principal	Artes (*lato sensu*)	Administração e negócios	Desenvolvimento e promoção humana	Tecnologia e ciência
Confiam em	Impulsos	Autoridade	Intuição	Razão
Objetivo	Virtuosismo	Execução	Sabedoria	Sapiência
Disposição para	Hedonismo	Estoicismo	Altruísmo	Pragmatismo
Humor	Agitados	Compenetrados	Entusiasmados	Fleumáticos
Valorizam	Generosidade	Gratidão	Reconhecimento	Deferência
Orgulham-se de ter	Habilidade	*Status* social	Empatia	Engenhosidade
Auto-afirmação na	Audácia	Beneficência	Compaixão	Autonomia
Liderança	Situacional	Estabilizadora	Catalisadora	Visionária
Comportamento	Utilitarista	Cooperador	Cooperador	Utilitarista

Juscelino Kubitschek representou como ninguém o aspecto empreendedor dos promoters, *enquanto Carmen Miranda simbolizou o talento inimitável dos* performers. *Em Ayrton Senna* (crafter) *eram facilmente visíveis a inteligência corporal aliada a agudo raciocínio lógico. Portinari* (composer), *além da inteligência cinestésica, para manejar os pincéis, era um sentimental que transferiu para as telas a vida dura da gente brasileira.*

Em geral, tipos SP são homens e mulheres que agem, tomam iniciativas, empreendem, criam produtos e promovem outras pessoas (publicitários e relações-públicas, por exemplo, desempenham bem esse papel). Têm extraordinário talento para perceber oportunidades e comunicar-se com o público consumidor.

Ao longo do século vinte, destacaram-se mundialmente como empreendedores de temperamento Artesão os lançadores de moda: o russo Oleg Cassini (que criou o estilo Jackie Kennedy); a francesa Coco Chanel (que percebeu na pobreza do pós-guerra a oportunidade de lançar uma moda mais *clean* e elegante, que libertasse as mulheres dos espartilhos); os norte-americanos Calvin Klein (que deu nobreza ao *jeans*) e Ralph Lauren (criador da marca Polo e do visual de Diane Keaton para o filme *Annie Hall*); os italianos Giorgio Armani, hoje referência mundial de bom gosto, e Guccio Gucci, que deu novo *status* a calçados e bolsas. Deve ser lembrado, também, Marquis Converse, que se dedicou à produção de calçados esportivos de borracha, em Massachusetts, e tornou seu sobrenome sinônimo de tênis, principalmente nos Estados Unidos. Na cosmética, foram revolucionários o russo Max Factor (que acabou em Hollywood maquiando estrelas de cinema) e a canadense Elizabeth Arden (que desejava ser enfermeira – aliás, chamava-se Florence Nightingale, como a fundadora da Cruz Vermelha). Como cosmiatra, desenvolveu mais de 300 cosméticos e montou seu negócio na Quinta Avenida, em Nova York. Destacou-se, ainda, a norte-americana Mary Kay Ash (antiga vendedora de produtos de limpeza que viu na venda de cosméticos, de porta em porta, uma grande oportunidade de ter seu próprio negócio). Mary Kay premiava as melhores vendedoras com Cadillacs cor-de-rosa. Foram empreendedores de sucesso, também, o americano filho de suíços Louis Chevrolet, piloto ousado (uma espécie de Ayrton Senna do início do século vinte), que se tornou um importante empresário do ramo automobilístico; os norte-americanos Maurice McDonald e Richard McDonald, que iniciaram a mais bem-sucedida rede mundial de *fast food*. Em 1961, venderam o negócio a Ray Croc, quando a empresa já contava com 300 franquias. E, para confirmar que quem é bom com ferramentas sempre se dá bem nesse ramo, o também norte-americano Oliver Winchester, depois de aposentar a tesoura (patenteou um método avançado de fazer camisas), dedicou-se a fabricar espingardas. O rifle que leva seu nome tornou-se uma lenda no oeste dos Estados Unidos.

Competitivos x sentimentais

A função de tomada de decisão (pensamento ou sentimento) é determinante na definição de estilos de vida e de carreiras. **Os pensadores (ESTP e ISTP) são aguerridos e competitivos, enquanto os sentimentais (ESFP e ISFP) preferem entreter e alegrar as pessoas com sua arte.**
Tanto uns quanto outros, além do temperamento que os estimula **preponderantemente** à **ação**, têm por principal interesse o hedonismo (prazer em amplo sentido) facilmente notado. Um bom exemplo dessa disposição foi expresso pelo cantor e artista plástico Freddie Mercury que, anos antes de morrer, preferiu negligenciar a atividade artística e mudou-se para Nova York, para melhor desfrutar de todos os prazeres da vida, segundo disse à mídia, na época.
Os Artesãos apresentam determinadas inteligências muito desenvolvidas, entre elas a corporal e a cinestésica, indispensáveis para atletas em geral, pilotos de competição e de aeronaves, dançarinos, atores, cantores, *top models*, pintores, escultores e cirurgiões (nestes, principalmente, a inteligência cinestésica); a inteligência lingüística, necessária para a comunicação e a promoção; a inteligência lógico-matemática, para avaliar as situações de forma objetiva e realista, e tomar decisões; a inteligência interpessoal, para aferir o impacto causado sobre as pessoas e o que estas esperam receber de seus ídolos ou modelos. E, em alguns casos, as inteligências espacial (escultores, pintores, criadores de sites, livros e revistas etc.) e musical (a maioria dos compositores, tanto de música clássica como de ópera, jazz e música popular fizeram/fazem parte do grupo dos SP).

Os conquistadores

Dentre os quatro tipos que apresentam o temperamento SP ou Artesão, os ESTP (*promoters*), são **mestres na arte de persuadir**. Destacam-se pela vibração, entusiasmo e movimento que produzem em torno deles. Geralmente, são muito articulados para falar, têm grande dose de autoconfiança e auto-suficiência. Essas duas características são responsáveis por ações ousadas em qualquer campo: política, negócios, aventuras. Pode-se denominá-los conquistadores, pois normalmente conseguem chegar aonde querem. Grande parte dos navegantes que saíram da Europa nos séculos quinze e dezesseis, para descobrir novas terras, assim como os bandeirantes que desbravaram o sertão brasileiro, faziam parte desse grupo. A maioria dos ESTP apresenta, ainda, notável habilidade para chamar a atenção das outras pessoas, característica que faz deles os campeões na arte de seduzir e convencer.

Costumam ser "espertos" para perceber o que funciona e o que não funciona bem (cognição imediata) que tipo de impacto provocam nos outros, bem como para "prever" as conseqüências de determinados gestos e ações. Fazem uma leitura corporal do comportamento das pessoas e, com isso, conseguem agarrar mais depressa as oportunidades ou reverter uma situação que, de início, lhes é desfavorável. Não é por acaso, portanto, que pessoas do tipo ESTP se destaquem em atividades que requerem espírito competitivo (esportes, política, marketing e vendas, por exemplo), comunicação eficaz e facilidade para perceber reações alheias não verbalizadas, o que as torna excelentes profissionais do *show business*, jornalismo, publicidade e promoção em geral.

O tipo ESTP lembra muito o deus grego da comunicação, Hermes, que se movimentava com desenvoltura em todos os ambientes e seduzia a todos com seu bom humor e boa conversa. Pessoas de temperamento ESTP são também as que mais apreciam a aventura, não importa de que gênero seja, e tendem a mudar mais de casa, de cidade, de país, bem como de atividade (embora sempre no âmbito das profissões próprias do temperamento Artesão, que são muito variadas).

Cativantes, guardam facilmente o nome das pessoas e procuram conhecer algum detalhe importante sobre elas (por exemplo, um gosto particular), que utilizam em ocasiões propícias. Normalmente, têm desembaraço social, são sofisticados, amáveis e polidos. Essas qualidades são encontradas em empreendedores de sucesso, em políticos populistas e também entre pessoas que passam a vida no *jet-set*. Os maiores *playboys* do século vinte, entre os quais Porfírio Rubirosa, Baby Pignatari e Jorginho Guinle, eram do grupo dos ESTP.

Pessoas ESTP são hábeis negociadoras e solucionadoras de problemas emergenciais. Freqüentemente, são chamadas para dar impulso a novos negócios ou indicar um novo caminho para empresas em processo de decadência. Porém, uma vez solucionado o problema, partem em busca de novos desafios, pois detestam a rotina e preferem não gastar sua energia com detalhes próprios desta.

Articulados para falar ou fazer palestras, os ESTP conquistam facilmente o público. Isso é particularmente verdadeiro em relação a políticos (os presidentes John Kennedy e Bill Clinton, norte-americanos, foram bons exemplos). Destacam-se também como apresentadores de *talk shows* e de programas de entrevistas. Quanto a estes, não é preciso citar nomes. Qualquer telespectador os reconhece facilmente. São, ainda, jornalistas notáveis (repórteres, correspondentes internacionais, críticos de artes e espetáculos e âncoras de telejornais). Neste campo, praticam o chamado jornalismo fatual diário e não o jornalismo analítico ou intelectual (mais em conformidade com pessoas de temperamentos NF e NT).

Apesar de populares e, quase sempre, carismáticos, os ESTP mantêm relações superficiais com as pessoas, até mesmo as do grupo familiar. Todos os relacionamentos, para eles, são condicionais. Sabem, como ninguém, levar adiante amizades que lhes interessam, bem como realimentar uma relação que se tenha deteriorado, por desavenças ou mal-entendidos. Esta característica permite compreender um comportamento muito comum entre os políticos: as críticas virulentas e as rupturas que costumam ocorrer entre eles podem ser seguidas de reatamentos grandiloqüentes e elogios rasgados.

Apreciam a boa mesa, o lazer, namorar, viajar. Fidelidade, para a maioria deles, é só uma palavra. O relacionamento persiste enquanto os níveis de prazer atingirem novos patamares ou se houver interesses mútuos (uma sociedade, por exemplo). Como pais, amam a prole, com quem passam pouco tempo, e, embora sejam disciplinadores, costumam transferir a incumbência de educar filhos ao cônjuge.

Os perfeccionistas

Os ISTP (*crafters*) são **mestres em trabalhos que requeiram técnica** e amplo uso da percepção (sensação). Têm competência especial para lidar com máquinas e instrumentos nos quais, além de sentidos apurados, seja necessário utilizar raciocínio lógico, senso de oportunidade e, principalmente, trabalho solitário. No laboratório de pesquisas, o ISTP exibe uma facilidade ímpar para trabalhar com o microscópio. Na cabine do avião supersônico, o piloto se sente em casa. Para o corredor, o *cockpit* é um lugar mágico.

"Eles não trabalham com seus instrumentos", salienta Keirsey, "eles brincam", querendo ressaltar quão prazeroso é, para essas pessoas, manejar máquinas, ferramentas e equipamentos de precisão. Como os demais representantes do temperamento SP, eles não fazem nada por obrigação, somente por devoção. Isso é verdadeiro até para os armeiros e os atiradores. O deus grego da guerra, Ares (que, hoje, pode ser identificado com os soldados da artilharia, os lutadores de boxe e muitos jogadores de futebol), tinha no combate sua maior fonte de expressão e prazer.

O risco inerente às atividades exercidas pelos ISTP é enorme. Mas para eles "não existe" (principalmente para os esportistas radicais e os pilotos de competição). Sentem que podem dominar a máquina, submetê-la aos seus caprichos e vontades. Em muitos casos, especialmente quando se trata de indivíduos altamente introvertidos, correr, pilotar, jogar e praticar esportes radicais é o que há de mais importante na vida. Dentre os dezesseis tipos, os ISTP são os que mais adoram desafiar-se e testar limites. Às vezes, de forma trágica.

É fácil perceber o ISTP já na infância. Embora a atitude introversão *versus* extroversão seja a última a amadurecer e a definir-se, a introversão já é notável nesse tipo, na época da escola fundamental. São, normalmente, alunos solitários, inexpressivos. Sabem, mas não contam, que não se encaminharão para nenhuma carreira tradicional, e o currículo escolar é um obstáculo à sua alegria.

Quando estão com a turma, os meninos e meninas ISTP correm, saltam obstáculos, sobem em muros e árvores, desafiam-se mutuamente. Normalmente, são os que vão parar nas enfermarias (quando não no gabinete do diretor) dos colégios, com joelhos esfolados e dedos quebrados. Um espanto para os professores que raramente ouvem suas vozes, sentados que estão nos cantos da sala.

Curiosamente, combinam muito bem gentileza com competitividade, um binômio difícil de harmonizar. Também são capazes de desenvolver amizades profundas e duradouras e particularmente atenciosos com quem se interessa por seu trabalho, especialmente crianças. Para eles é um prazer ensiná-las a manejar suas máquinas e equipamentos, como se fossem brinquedos (as biografias escritas sobre o ídolo Ayrton Senna mencionam a paciência e o prazer que tinha de mostrar como funciona um carro de fórmula 1 a crianças que se interessavam).

Quando crescem, costumam escolher profissões autônomas ou que propiciem liberdade. Se não for possível, procurarão empregos nos quais possam utilizar suas habilidades sem ter de submeter-se a regras e regulamentos rígidos. Em empresas muito estruturadas e vigiadas, costumam rebelar-se, mostrando um lado de sua personalidade que é surpreendente para a maioria, pois normalmente são quietos e falam baixo.

Raramente se encaminham para profissões tradicionais. Além das ocupações citadas anteriormente, muitos homens e mulheres ISTP escolhem os esportes como via de realização. São facilmente reconhecíveis no futebol americano e no boxe, embora também sejam notáveis em outros esportes que requerem virtuosismo.

Podem ser atraídos pela arte, desde que nela encontrem movimento e inovação. Particularmente, a dança é um território em que se destacam artistas inovadores: os russos Nijinski e Nureyev revolucionaram o conceito de dança. Perfeccionistas ao extremo, faziam do corpo o que queriam, tamanho era o domínio que sobre ele tinham. Mas nem todos os bailarinos pertencem ao grupo dos ISTP. Duas expressivas exceções foram Isadora Duncan e Antonio Gades. Aquela, uma protofeminista, resgatou o classicismo grego e, até na vida amorosa, foi marcantemente NF (idealista). Enquanto seus colegas saltavam de paixão em paixão (um comportamento comum entre pessoas SP), Isadora buscou com afinco o amor idealizado (próprio de pessoas com temperamento NF) e dedicou sua vida a homens "errados", segundo entendem seus biógrafos. Quanto a Gades, coreógrafo e dançarino espanhol que renovou o flamenco, foi idealista a ponto de se negar a continuar dançando após a prisão de amigos pelo regime franquista. Gades fez da dança seu veículo de protesto contra um mundo que considerava violento e injusto. "Antes da estética vem a ética", dizia. "Em minhas veias não corre o sangue da arte, como todos pensam, mas a anemia provocada pela fome."

O cinema também teve vários atores de temperamento ISTP, principalmente no gênero *western*, como Clint Eastwood e John Wayne. A preferência pelo raciocínio lógico faz com que pessoas ISTP pareçam extremamente frias e competitivas. No entanto, costumam ser muito generosas. A atitude introvertida não deixa que essa faceta seja conhecida pela maioria das pessoas. Normalmente, preferem exercer a fraternidade anonimamente. Ayrton Senna é o exemplo sempre lembrado. Morreu em Ímola, mas continua presente na memória da humanidade como um benfeitor, por intermédio do Instituto que leva seu nome.

Na vida pessoal, são reservados e sentem-se extremamente incomodados quando a mídia (no caso de serem famosos) ou amigos e parentes tentam penetrar em seu espaço particular. Têm afeto verdadeiro pelas pessoas, mas dificilmente o expressam (em particular, os homens). Preferem demonstrar sentimentos por meio de ações. Não é incomum que escolham profissões que os levem para longe do local onde nasceram, retornando periodicamente a este. Têm enorme força mental, conseguindo passar longo tempo trabalhando de forma solitária. São exemplos os pesquisadores e expedicionários, os navegantes que cruzam os oceanos sozinhos, os pilotos de aeronaves e os astronautas.

Os performáticos

Os artesãos sentimentais extrovertidos (ESFP ou *performers*) diferem de seus irmãos pensadores principalmente porque devotam sua energia e seus talentos para agradar e tornar felizes as pessoas. Gente é o de que mais gostam. E é para a gente ao seu redor, ou distante, que eles vivem e "trabalham". As aspas se justificam porque, como dissemos, trabalho para um SP significa sempre prazer, por mais duro que seja.

Muitos ESFP são **mestres na arte de divertir**, têm uma aguda percepção do mundo que os cerca e das necessidades das pessoas. Mas, neste caso, o que lhes interessa é o lado alegre da vida, ou seja, suprir a falta de diversão, de magia, de humor, de transformação (um bom exemplo é o personagem de Roberto Begnini no filme *A vida é bela*).

Estimular as pessoas para trazer à tona seu lado alegre, com seu canto e sua dança, provocá-las com seu humor ingênuo ou malicioso – como fizeram Carmen Miranda, Abbott e Costello, Oliver Hardy e Stan Laurel (o Gordo e o Magro) ou, ainda, os Irmãos Marx, Cantinflas, Arrelia, Oscarito e Grande Otelo (só para citar alguns dentre os famosos) – é muito fácil e, sobretudo, muito agradável para *performers* (ESFP).

No Brasil se encontra um grande contingente de pessoas de tipologia ESFP. O Carnaval, as festas folclóricas que acontecem por todo o país, a música, com seus variados ritmos, alegres e dançantes, atores, cantores e humoristas de múltiplos talentos comprovam esta afirmação. Sem falar nos dançarinos e nos jogadores de futebol, em grande parte bailarinos que dançam com a bola (nem todos os jogadores de futebol são ESFP; muitos são ESTP ou ISTP).

Os ESFP tornam qualquer acontecimento um motivo para comemoração, daí fazer-se uma analogia com o deus grego Dionísio. Suas características principais, não importa o local de nascimento, são o humor contagiante, o otimismo, a despreocupação com o futuro e a voluptuosidade no desfrute do presente. Como os outros artesãos, são audaciosos, adaptáveis e adoram o palco, mesmo que o número de espectadores seja pequeno. Detestam a solidão e, por isso, normalmente andam em grupos ou enchem a casa de gente.

Grande parte dos atores, tanto dramáticos quanto cômicos, pertence a esta tipologia. Geralmente, seu virtuosismo é notável já nos primeiros papéis. Bons exemplos foram May West, Lucille Ball, Marilyn Monroe e a brasileira Leila Diniz; Jack Lemmon, Mazzaropi e Zé Trindade.

Quase sem exceção, pessoas ESFP são reconhecíveis por sua audácia e por apreciarem tudo que é apreensível pelos sentidos: boa comida e bebida, som estimulante, perfumes caros, roupas *fashion*. Estão sempre a par das últimas novidades no mundo da moda, da música, do entretenimento. Compareçam ao maior número possível de eventos sociais e posam sem pudor para as lentes dos fotógrafos e as câmeras de televisão. Mesmo que não sejam artistas, gostam de holofotes, em especial quando jovens. Possivelmente, os ESFP sejam os maiores consumidores de cosméticos e roupas da moda. São tão sedutores quanto os ESTP, mas com uma diferença essencial: a função auxiliar sentimento (F) faz com que se envolvam mais profundamente em seus relacionamentos amorosos.

Também é comum que se metam em confusões, desentendimentos e saias-justas. Comprovadamente, grande parte dos ESFP adora fazer comentários (que outros podem interpretar como maldosos) e não tem pejo em dizer palavrões que, na pessoa deles, soam muito naturais. Quase sempre são muito generosos e gostam das pessoas sinceramente, embora, às vezes, dêem a impressão de que se divertem à custa delas. Na literatura, um personagem que expressa muito bem as características do ESFP dionisíaco é Zorba, criado por Nikos Kazantzakis (um escritor de temperamento NF).

Gostam de ser apreciados e reconhecidos, retribuindo com entusiasmo e alegria – quando não com seus recursos materiais – o que recebem dos outros. Keirsey cita em *Please, understand me II* um fato curioso ocorrido com Elvis Presley. Porque uma fã admirava seu carro, estacionado em um local público, o astro do *rock and roll* aproximou-se dela e, sabendo que era seu aniversário, presenteou-a com um veículo igual! Gesto extravagante para a maioria dos tipos, mas não para um ESFP.

Generosidade despida de bom senso costuma ser um problema para grande parte dos ESFP. Eles podem ser seduzidos e sofrer abusos de pessoas de má índole. Também podem dar-se mal nos negócios, por culpa do excesso de otimismo, e falir. Falindo, ficam sozinhos, pois normalmente atraem como amigos pessoas como eles próprios, ou seja, que não convivem bem com a miséria, a tristeza e a doença.

Como se pode depreender, a vida terá de caminhar bem para estas "cigarras" que vieram ao mundo para criar magia e encantamento. Entretanto, se o "inverno" for muito rigoroso e, em épocas de crise, não obtiverem compreensão e ajuda das "formigas" (normalmente alguém de temperamento SJ), ficarão doentes e poderão até morrer (as biografias dos ídolos das telas estão aí para confirmar). O tipo ESFP é o que apresenta menor resistência à ansiedade e maior facilidade para entrar em depressão.

Embora a maioria dos ESFP não seja artista do *show business*, dificilmente tem empregos convencionais. Adaptar-se à rotina do mundo do trabalho industrial ou financeiro, por exemplo, representa enorme sacrifício. A maioria esmagadora de pessoas ESFP, com quem tivemos oportunidade de conviver, preferiu renunciar a bons empregos porque estes não eram fonte de prazer.

Quase sempre, os *performers* estudam pouco. O currículo escolar lhes parece muito aborrecido, salvo pelas aulas de artes, teatro, canto e jogos (mas não educação física). Em termos afetivos, é da natureza dos ESFP apaixonar-se de forma impetuosa e freqüente, ao longo da vida (mesmo quando idosos). Essa constatação possibilita que entendamos melhor o comportamento dos astros do cinema e da televisão. O que, para grande parte da população – especialmente tipos SJ e NF –, poderia parecer promiscuidade para eles não passa de generosidade, entrega, doação. Em família, são emocionalmente pródigos, embora nem sempre consigam pagar as contas. Dentre os dezesseis tipos, os ESFP estão entre aqueles que têm maior dificuldade em controlar o orçamento. Representam mais de 10% da população mundial.

Os habilidosos

Se os ESFP são os generosos impactantes, os ISFP (*composers* ou **mestres nas artes finas**) constituem o grupo dos habilidosos discretos. A denominação *composer*, adotada por Keirsey, identifica gente que consegue fazer uma síntese do concreto, em forma de arte. São dotados de inteligência táctil ímpar, que aplicam para produzir pinturas, esculturas, bordados, jóias (na mitologia grega, o deus Hefesto representa o suprasumo nessa área, pois produzia os mais belos objetos e jóias para os deuses; no mundo terreno, o virtuose foi Peter Carl Fabergé, que trabalhava para o czar da Rússia, para quem fez as jóias mais deslumbrantes de que se tem notícia), tapeçarias, cirurgias (principalmente plásticas) banquetes (*chefs*), ambientes harmoniosos (decoradores). Mas, também, são coreógrafos, cenógrafos, compositores, dramaturgos, poetas, novelistas, cineastas, desenhistas, produtores de sites, capistas de livros e revistas.

Mundialmente, representam mais de 10% da população. Grande número (mas não todos) de pintores, fotógrafos, músicos e cineastas famosos pertence a esse grupo. Na fotografia, ninguém foi mais representativo do que o francês Cartier-Bresson.

Por serem introvertidos, não estão interessados em desenvolver e ampliar uma rede de contatos, em falar para a mídia, ou permanecer ao telefone alimentando relacionamentos. Quando se destacam é porque, de fato, são muito talentosos. Normalmente, são retraídos e desprezam a vida social. O grupo de amigos é exíguo. Em *Eu, Fellini*, o grande cineasta italiano relata como lhe era difícil freqüentar as festas promovidas em Cinecittà e, por outro lado, como se sentia culpado em relação à mulher, Giulietta Masina (ESFP), que as apreciava.³

Incrivelmente energéticos (embora não o demonstrem, por causa da atitude introvertida), parecem insensíveis à fadiga. São capazes da virar a noite envolvidos com uma tarefa e, não raramente, passam dias a fio trabalhando. Em compensação, são extremamente sensíveis à dor do próximo, que expressam mediante comportamento tolerante, amigável e piedoso. Gostam especialmente de animais e muitos deles se tornam excelentes veterinários.

A família é sua âncora. Em troca, oferecem socorro nas horas próprias e aconchego (apesar de terem dificuldade em expressar afetividade, do mesmo modo como ocorre com os ISTP). Mulheres ISFP costumam ser meigas e delicadas. Falam suavemente, mas são muito determinadas. Quando trabalham em empresas, dedicam-se silenciosamente às tarefas que lhes cabem e não reclamam se tiverem de esticar a jornada ou acordar muito cedo. Homens ISFP têm grande sensibilidade e responsabilidade. No passado, foram representantes do tipo os pintores Michelangelo, Aleijadinho e Portinari, e os músicos Chopin e Bach, entre outros. Modernamente, podem ser citados os compositores Cole Porter, George Gershwin, Duke Ellington, Tom Jobim, Noel Rosa e Raul Seixas, e os cineastas Rossellini, Fellini, Spielberg e Chaplin, por exemplo.

E, também, Cássia Eller e Cazuza.⁴ Embora muitos dos admiradores de Cazuza defendam que ele era um idealista, na verdade o roqueiro foi uma pessoa de temperamento SP rebelado contra o mundo SJ, em que foi criado, mas por meio do qual se inseriu na vida artística e fez sucesso.⁵

NOTAS

1. *As estatísticas aqui citadas têm como fontes consultas mundiais ao site de David Keirsey e dados recolhidos por esse pesquisador em cinco décadas de trabalho na área.*
2. *O inventário de tipos e temperamentos de David Keirsey está disponível em www.keirsey.com. Para um conhecimento mais acurado e aprofundado do tipo psicológico, é indispensável contar com a ajuda de um profissional habilitado na aplicação do MBTI ®.*
3. *Conforme depoimento à jornalista Charlotte Chandler. Ver Bibliografia.*

4. *É interessante observar que os deuses gregos identificados com os SP são extremamente otimistas e bem-humorados, à exceção de Hefesto, o deus manco, dono da forja onde fazia as mais belas jóias para os olímpicos. Hefesto, assim como Ares, era do grupo dos introvertidos, enquanto Hermes era do time dos extrovertidos. Dionísio (deus que representa o teatro, portanto tragédia e comédia) era um deus mais complexo, aparecendo às vezes como uma divindade alegre e anárquica e em outras como um deus ensimesmado (Dionísio viajou até o mundo dos mortos para resgatar sua mãe, Sêmele, que levou para o Olimpo).*

5. *A rebeldia é uma característica forte das pessoas com temperamento SP (Artesão), não importa se extrovertidas ou introvertidas. É mais notável nas últimas (é preciso relembrar que os tipos introvertidos são mais independentes ou, como se diz na linguagem popular, "não jogam para a torcida"). Para o senso comum, rebeldia muitas vezes significa idealismo, o que é uma falsa conclusão. O Capítulo 5 sobre os NF permite entender melhor o que é viver por um ideal. Um exemplo contundente da rebeldia dos Artesãos foi o cantor Bob Dylan, eleito pelos jovens da geração de 1960 como o líder da contracultura, título que ele, a princípio, aceitou (para ganhar dinheiro, segundo revelou décadas mais tarde) e, depois, repudiou de forma veemente, para desgosto de Joan Baez (esta, sim, uma Idealista).*

ARTESÃOS

MEMÓRIA – ESTP (*Promoter*)

JUSCELINO KUBITSCHEK, O EMPREENDEDOR

Somente alguém com autoconfiança, iniciativa e otimismo poderia alcançar o sucesso que Juscelino atingiu. Nascido em Diamantina (MG), a 12 de setembro de 1902, num sobrado que pertencia ao seu avô e ficava na Rua Direita, quase em frente à catedral, como escreveu o ex-presidente em *Memórias – Meu caminho para Brasília*, pela origem, não poderia almejar algo muito maior do que seguir pela vida como um médico (profissão em que se formou) do interior, ainda mais que a família era pobre e o pai morrera muito cedo. Para ajudar nas despesas domésticas, quando garoto, Juscelino não se envergonhara de entregar marmitas, que a mãe, a professora dona Júlia, preparava para os diversos fregueses de Diamantina. Não se sentia humilhado nem ofendido. Sabia que poderia ter um melhor destino se a isso se dispusesse.

"Era um otimista por natureza", diz dele João Pinheiro Neto, que foi seu assessor durante vinte e cinco anos, no livro *Juscelino, uma história de amor*. Desse otimismo ficou como marca registrada para seus contemporâneos, e também para a posteridade, o sorriso largo e fácil. "Ria porque nisso tinha prazer; e porque também sabia que o riso e o sorriso, e mesmo a gargalhada aberta, eram, talvez, as armas mais poderosas com que contava para aplanar caminhos, remover obstáculos, domar os mais rebeldes, trazer para o seu lado os que teimavam em não fazê-lo", salientou o biógrafo.

A maioria dos historiadores costuma dividir a história da República brasileira em dois períodos: antes e depois de Juscelino. Ele foi o divisor de águas, o homem que mudou a face do país, por intermédio de ações que resultaram em benefícios para as gerações futuras. Além de mandar construir a capital federal no coração do Brasil,

Caracteristicamente ativos, os Promoters *(ESTP) costumam ser hábeis negociadores, empreendedores e competitivos. Gostam de provocar impacto com sua presença ou ações. Correspondem a aproximadamente 12% da população mundial.*

foi JK quem iniciou o processo de industrialização, abrindo as portas à indústria automobilística. E, também, à indústria naval e à de máquinas. No setor energético, quase dobrou a potência instalada, após a construção de Furnas. Quando assumiu a presidência, em janeiro de 1956, a Petrobras produzia cinco mil barris de petróleo por dia. Ao deixar o governo, em janeiro de 1961, a estatal produzia 100 mil barris diariamente. O país que herdara da ditadura de Vargas possuía apenas mil quilômetros de rodovias pavimentadas e ele mais que decuplicou esse número.

Porém, nada é mais simbólico de sua administração do que a construção de Brasília. Para muitas gerações, essa foi a principal obra de JK. Não se tratou de uma ambição política, como muitos ainda pensam. Hermógenes Príncipe, autor do livro *Luz e trevas nos Tempos de Juscelino*, destaca que, como prefeito de Belo Horizonte e depois governador de Minas Gerais, Juscelino tinha consciência das riquezas existentes no interior do país, que precisavam ser utilizadas em favor do progresso nacional mais harmonioso, porque, naquela época, somente as capitais litorâneas gozavam desse privilégio.

"Diante de nossa extensão territorial", explica Príncipe, "a mudança do centro administrativo para o Planalto respondia a uma demanda que já se havia solicitado desde o século passado. Do ponto de vista da geopolítica nacional, a transferência atendia a nossas aspirações de domínio e ocupação do território, tendo como objetivo sobretudo o desbravamento da Amazônia, sem depredação de recursos naturais e com preservação do meio ambiente, o que correspondia a uma aspiração nacional diante da veiculação de idéias sobre a 'internacionalização' da Amazônia". A nova capital, hoje patrimônio da humanidade, passou a simbolizar a capacidade empreendedora dos brasileiros.

Sob a inspiração do otimismo e do espírito audacioso de JK, o país prosperou, a ponto de o período de seu governo (1956-1961) ter ficado na memória do povo como os "Anos Dourados". Havia fé e esperança no futuro. Mas não uma fé simplória e sim lastreada em obras como a construção da Rodovia Belém-Brasília, o açude de Orós (Ceará), que fazia parte de seu programa de desenvolvimento do Nordeste, a criação da Sudam e da Sudene (para esse fim), a que se juntaram conquistas de brasileiros no exterior, que alcançaram grande repercussão: o Brasil de Pelé foi campeão mundial de futebol (Copa de 1958), a tenista Maria Esther Bueno venceu em 1959 e 1960, em Wimbledon, Maria Lenk ganhou o campeonato mundial de natação e Éder Jofre era o grande destaque do boxe em âmbito internacional.

Todas essas vitórias foram muito comemoradas por "Nonô", apelido que ganhara na infância, e pelo qual gostava de ser chamado pelos mais íntimos. Como todo ESTP (sensorial extrovertido com pensamento introvertido), JK gostava muito de festas, nas quais se destacava como dançarino de valsas. Também foi notória, na juventude, sua fama de seresteiro. Seu gosto pela alegria e pelos prazeres da vida valeu-lhe o apelido de "presidente bossa-nova", pelo cantor e humorista Juca Chaves, em uma composição que fez muito sucesso, na época. O artista explicava o que era um presidente bossanova (alusão ao movimento musical, iniciado por João Gilberto e Tom Jobim): "simpático, risonho, original". Juca também destacava o gosto do presidente pelas viagens freqüentes a Brasília (ainda em construção). Citava, ainda, os almoços com os atletas campeões e as aulas de violão que lhe eram ministradas por Dilermando Reis, o maior violonista de então.

Seu assessor, João Pinheiro Neto, salienta, na obra citada, sem qualquer prurido, o apreço do ex-presidente pelo prazer, marca indissociável de todas as pessoas de temperamento SP e facilmente identificada no tipo ESTP. Pinheiro Neto comparou-o a D. Pedro I, igualmente impetuoso, arrojado, amante dos prazeres e querido pelas mulheres. Diz o biógrafo, que conheceu o presidente quando este era governador de Minas Gerais, que "na hora da seresta diamantina, com o entoar dolente do *Peixe vivo* ou da *Elvira Escuta*, ou nos alegres e descontraídos saraus do recente Palácio das Mangabeiras, que o talento de Niemeyer fez erguer num trecho escondido das montanhas que cercam Belo Horizonte, para ser o confortável *bunker* do governador, os convivas eram bem outros... E então Juscelino se livrava inteiramente daquela sua postura tímida que sempre mostrou diante de intelectuais e de artistas. Até no assunto mulheres é notável, creio eu, a semelhança entre D. Pedro e Juscelino. O primeiro, mesmo apaixonado pela Marquesa de Santos, não dispensava os carinhos da cunhada, e muito menos das francesas que por estas bandas aportavam. O segundo também não desprezava as belas que o rodeavam. Ambos, porém, não eram conquistadores, e, sim, na maioria das vezes, conquistados. Tinham, também, cada um à sua maneira, o costume de bem presentear as amigas e distribuir títulos ou cargos aos maridos das preferidas". Pinheiro Neto sempre esteve convencido de que D. Pedro e Juscelino: "amavam a vida e eram acionados por permanente agitação. Sonhavam com a liberdade e a independência do país e de seu povo, e para tal contribuíram enquanto governaram. Tenho convicção de que amaram e foram amados".

    O presidente tinha em dona Sarah, sua esposa, a companheira ideal. Mulher de personalidade e pulso forte (temperamento SJ), soube garantir a paz doméstica e o repouso de JK mesmo nos momentos mais difíceis, como, por exemplo, no tempo da ditadura militar. No período em que Juscelino permaneceu à frente do Executivo mineiro, ela foi sua representante em inúmeras cerimônias, marcando com um toque de classe e discrição sua presença nesses eventos. Como primeira-dama do país, foi notável à frente das obras sociais.

    Eleito presidente, JK transferiu os saraus do Palácio das Mangabeiras para o Palácio das Laranjeiras, no Rio de Janeiro, então capital da República. Ali, Juscelino recebia amigos novos e antigos. Ali também tramou casamentos. "Juscelino era alcoviteiro bem-intencionado", contou Pinheiro Neto, ele próprio afilhado de casamento de JK. Tinha o dom de juntar pessoas solitárias ou viúvas, fazendo com que se conhecessem, se tornassem amigas e, depois, noivassem e casassem. Um *promoter*, enfim.

Quando morreu, em trágico acidente de automóvel, no quilômetro 165 da Rio-São Paulo, deixou órfãos inúmeros afilhados políticos e eleitores que esperavam o fim da ditadura para guindá-lo, novamente, à presidência da República. Era dia 22 de agosto de 1976. Ainda hoje, há quem afirme que foi um crime político (como aconteceu com o JK americano); outros, que foi passional. Em se tratando de um ESTP, qualquer dessas hipóteses pode ser verdadeira.

ARTESÃOS

MEMÓRIA – ESFP (*Performer*)

CARMEN MIRANDA,
RAINHA DOS PALCOS

Suas vestimentas de baiana, seus balangandãs, os incríveis chapéus com frutas e, mais que isso, sua brejeirice ainda estão entre nós, apesar do meio século de ausência. Foi em agosto de 1955 que a portuguesinha de Marco de Canavezes – pequena aldeia próxima ao Porto, norte de Portugal –, nascida em 1909, privou o mundo de sua alegria e generosidade ímpares.

Embora tenha vindo ao mundo em solo estrangeiro, era uma brasileira autêntica, ou melhor, uma carioca, e não uma estrela americanizada como a crítica da época a rotulou. Os jornais da década de 1940, no Brasil, apresentaram-na como uma arma do imperialismo americano, e a elite social chegou a vaiá-la durante uma visita ao país. Duas punhaladas mortais para ela, que vivia para dar, generosamente, o que tinha de melhor, a sua arte, e viu suas dádivas ser desprezadas.

Nasceu na Europa e cresceu no Rio. A mãe, dona Maria, mantinha uma pensão em que costumavam hospedar-se alguns artistas que viriam a destacar-se na cena brasileira. Com eles, aprenderia a sambar e cantar, embora a família tivesse para ela outros planos. Estudou em colégio de freiras e foi trabalhar em uma chapelaria, experiência importante para que, ao atingir o estrelato, ela própria criasse seus enormes chapéus *tutti-fruti* (um artesanato próprio de um tipo ESFP). Durante o trabalho, contam seus inúmeros biógrafos, gostava de cantar tangos.

Uma *socialite* da época ouviu-a e a convidou para cantar no Instituto Nacional de Música. Foi aí que tudo começou... Não demoraria muito e estaria cantando no cassino do Morro da Urca. E, algum tempo depois, o navio Normandie traria ao Brasil o empresário que a levaria embora. Era o norte-americano Lee Schubert, que a viu cantar e dançar, ficou fascinado por ela e a levou para os Estados Unidos.

Divertidos e bem-humorados, os Performers (ESFP) gostam de agradar as pessoas e, para isso, usam sua simpatia natural e calor humano. "Artistas" das relações, são os mais generosos dentre os dezesseis tipos. Correspondem a cerca de 10% da população.

Com a visão empreendedora própria dos SP, Carmen aceitou desde que pudesse levar com ela sua banda, o "Bando da Lua". Do contrário, como poderia cantar seus sambas? Nos Estados Unidos, sua inteligência corporal-cinestésica e seus dons artísticos atingiram o virtuosismo. Roupas, sapatos, turbantes, chapéus: tudo era criado por ela e imitado pela moda local. Tornou-se um ícone. Não importava se falava um inglês cheio de sotaque ou cantasse em português. O que fascinava o público eram sua impressionante expressão corporal e o carisma do olhar e do sorriso. Pouco tempo depois de chegar à América já era a artista mais bem paga da 20th Century Fox.

Carmen, a grande performática, simbolizou muitas coisas no imaginário humano. Mas a imagem imorredoura que corre o mundo é que ela, sozinha, representava o povo brasileiro, com seu gosto pela ginga, pela dança, pelo canto, pela vida, enfim. E, principalmente, pelo otimismo incorrigível mesmo nas noites mais tenebrosas de sua história.

Escrever sobre esse grande vulto da arte brasileira seria "chover no molhado", para usar uma expressão popular. Todo mundo conhece a história da "Pequena Notável". Inúmeros artistas, conterrâneos e estrangeiros, já a imitaram pelos palcos do mundo, e *covers* da atriz e cantora brotam nas telas do cinema e nos teatros, todos os dias.

A *Brazilian Bombshell* é aqui lembrada por ter sido a mais expressiva representante do tipo ESFP (sensorial extrovertida com sentimento introvertido), ou *performer*, para utilizar a denominação dada a pessoas desse tipo por David Keirsey. Os SP, como ele bem observou, aspiram ao virtuosismo, prezam a generosidade, precisam de estímulo para viver e trabalhar, gostam de provocar impacto e de viver em clima de alegria, quando não de euforia. Parece que ele falava sobre Carmen!

Esse apreço pela excitação (ou entusiasmo de viver) torna os ESFP resistentes à dor e ao cansaço. Portanto, não é de estranhar que, poucas horas antes de falecer, Carmen tenha comparecido a um programa de televisão e dado seu *show* costumeiro, arrancando aplausos e gargalhadas do público e do apresentador Jimmy Durante.

David Keirsey observou bem que os ESFP são artistas audaciosos (explica-se, então, a extravagância costumeira da indumentária de Carmen) e adaptáveis (a estrela, muito jovem, não teve medo de enfrentar os refletores de Hollywood), têm apuro técnico e levam alegria a todos os ambientes. Em geral, não se sentem bem sozinhos e adoram ter a casa cheia de gente (é notória a fama de Carmen como anfitriã de brasileiros que chegavam aos Estados Unidos).

Por outro lado, os ESFP têm um talento natural para aproveitar a vida e, também por isso, estão mais sujeitos às tentações e aos exageros. Normalmente, são impulsivos e indulgentes, o que os torna vulneráveis à sedução, ou seja, são capazes de renunciar a seus desejos para atender aos das outras pessoas. Muitas vezes, Carmen teve esse comportamento para não desgostar pessoas queridas.

"O que é deles é dos outros", observou Keirsey, "e parecem não possuir nenhuma noção sobre poupança". São capazes de dar tudo que têm sem esperar qualquer recompensa, porque vivem no presente, perseguem a diversão e amam livremente. Alguma dúvida quanto ao temperamento e caráter de Carmen Miranda?

MEMÓRIA – ISTP (*Crafter*)

Ayrton Senna,
o virtuose das pistas

Ayrton Senna é o contraponto masculino de Carmen Miranda, quando o assunto é admiração mundial e carisma. Nos dez anos em que correu na fórmula 1, aos poucos, conquistou corações e mentes, do Ocidente ao Oriente. Tal como a "Pequena Notável" (legítima representante do grupo dos ESFP), o grande piloto das pistas era a perfeita tradução dos ISTP (impulsivo, racional, determinado, quase obsessivo). No livro *Ayrton Senna saudade*, do jornalista português Francisco Santos, a primeira professora do piloto – Maria do Carmo Pacheco Criado – fez um retrato de seu jovem pupilo, um menino discreto, quase apagado em sala de aula, que chegava do recreio suado, correndo, porque sempre estava atrasado.

O recreio – e não as aulas – era a hora em que podia dar vazão à sua natureza. Aquelas pouco atrativo tinham para uma mente que buscava realizar-se em uma carreira não convencional. No breve intervalo do lanche, ele competia com outros meninos. Mas foi o *kart* que o salvou da insipidez do currículo escolar, pouco indicado a alunos com seu perfil (pensador introvertido com sensação extrovertida).

Filho de uma família de classe média alta, nascido em São Paulo em 21 de março de 1960, o garoto Ayrton teve a sorte de contar com a compreensão e a ajuda do pai, Milton, que, em vez de podar a vocação do filho, deu-lhe suporte para pôr à prova seus talentos naturais e sua inteligência.

Tanto as pessoas ESTP como as ISTP são altamente sensoriais. Seus sentidos são muito aguçados, principalmente a percepção que têm dos ruídos e do "clima" à sua volta. Mas os ISTP são ainda mais brilhantes, porque a atitude introvertida conduz naturalmente à concentração.

Extremamente sensoriais e perfeccionistas, os Crafters *(ISTP) são movidos por impulsos, a ponto de a ação ser um fim em si mesma. São os mais destemidos e os mais sujeitos a envolver-se em situações perigosas. Cerca de 10% da população é ISTP.*

E, sendo Ayrton um pensador lógico-matemático, nada mais natural do que associar essa forma de analisar o mundo à percepção afiada, fatores que lhe conferiram capacidade tática, muito exigida em um esporte tão competitivo e arriscado quanto é a fórmula 1.

"Há dias nos quais minha sensibilidade de piloto está lá em cima e percebo tudo: a força dos freios que mordem os discos, o traçado em todos os seus detalhes, as vibrações mais ocultas do motor e do chassi." Esta descrição do piloto, anotada pelo jornalista italiano Paolo D'Alessio, e relatada na obra *Obrigado, Ayrton*, é a comprovação da grande sensibilidade perceptiva do piloto. Logicamente, o uso dos sentidos, de forma concentrada, aperfeiçoou os dons que a natureza lhe dera. E, quanto mais usou esses talentos, mais talentoso ficou.

Comentando a capacidade de Senna, no livro de Francisco Santos, o preparador de pilotos neozelandês Dick Bennetts salienta a habilidade nata de pilotar de Ayrton e sua capacidade técnica, fatores que o destacavam "acima de todos os pilotos que jamais conheci. Já tive pilotos com o mesmo talento técnico dele, mas não tinham a mesma capacidade mental de Ayrton".

E a determinação?

Sobre esse aspecto, o próprio Ayrton reconheceu, em declarações à imprensa, que sacrificara muitas coisas importantes na vida por causa das corridas. "Penso nesta profissão desde que era criança", anotou Paolo D'Alessio no livro anteriormente citado. "Dei tudo de mim e acho que a amo mais do que qualquer outro. Por isso, enquanto estiver correndo, o farei somente para vencer."

Esta atitude, para muitos, poderia significar frieza. Mas, pela vida afora, Ayrton demonstrou que era frio apenas no momento em que corria. A adrenalina era seu combustível.

Sua primeira vitória em um campeonato (o de 1988), em que venceu o arqui-rival Alain Prost, serviu não somente para provar que era o maior talento já surgido na Fórmula 1 (ele estava em grande desvantagem no início do campeonato), como também para mostrar ao mundo seu lado emotivo e místico. No GP decisivo, o de Suzuka (Japão), realizado em 30 de outubro, Senna saiu em 14º lugar mas venceu a corrida com treze segundos à frente do piloto francês. Já campeão mundial e ainda dentro do *cockpit*, ele não se envergonhou de chorar, demonstrando que a conquista tinha todos os ingredientes que fazem um vitorioso: sangue, suor e lágrimas.

Mais tarde, ele diria ao jornalista Lemyr Martins (a citação está no livro *Ayrton Senna, o eleito*, do jornalista Daniel Piza) que vira Jesus na chegada, "uma figura grande, com a 'roupa de sempre', e envolta por luz. Reafirmaria a 'visão' em diversas ocasiões até o final da vida".

O piloto se foi mas ficou a obra, o Instituto Ayrton Senna. Os títulos de campeão mundial vieram para a glória do Brasil e o orgulho dos brasileiros. Para ele, no final, outra missão era mais importante.

MEMÓRIA – ISFP (COMPOSER)

CÂNDIDO PORTINARI, MAESTRIA COM TINTAS E PINCÉIS

O maior pintor brasileiro do século vinte, Cândido Portinari (Candinho, para os amigos), nasceu em Brodowski (estado de São Paulo) em 20 de dezembro de 1903 e faleceu em 6 de fevereiro de 1962, no Rio de Janeiro. Uma existência que não chegou aos 60 anos, mas foi suficiente para alçar o Brasil ao panteão internacional das artes plásticas.

Filho de imigrantes italianos pobres, esse ISFP (sentimental introvertido com sensação extrovertida) recolheu na infância as impressões que, mais tarde, retrataria nas telas: miséria, gente humilde, trabalhadores descalços, meninos da roça empinando pipas, lavadeiras. Bastante tímido e dotado de inteligência cinestésica em alto grau, encontrou na pintura a forma de expressar as emoções que a paisagem humana de Brodowski lhe provocava.

Na escola, conforme relatos recolhidos por seus biógrafos, foi um menino retraído (como são, normalmente, os tipos introvertidos), mas soltava-se completamente nas peladas que ocorriam na praça (uma forma de canalizar a energia corporal-cinestésica, própria dos SP). Ao mesmo tempo, começava a esboçar desenhos, indicando a direção natural de seu talento artístico.

O tema das primeiras garatujas era invariavelmente uma maçã, que continha uma mesa e, em cima desta, outra maçã. Com 7 anos, ganhou seu primeiro "salário", ajudando artistas italianos que estavam em Brodowski para executar trabalhos nas fachadas de igrejas e residências.

Apesar de pobre, o pai conseguiu mandá-lo para o Rio de Janeiro, para estudar belas-artes. Sobrevivia entregando marmitas para pagar a pensão onde morava e, para economizar dinheiro, fazia uma única refeição ao dia.

Composers *(ISFP)* apresentam sentidos apuradíssimos. Mestres das artes finas e das cirurgias, são quase sempre calados. Preferem expressar-se por meio de suas obras. Correspondem a aproximadamente 9% da população mundial.

A sorte começou a sorrir-lhe em 1928 quando conquistou um prêmio que o levou a Paris. Ficou dois anos na Europa, residindo a poucos metros do Louvre. A estada na França foi seu maior aprendizado. De volta ao Brasil, iniciou uma produção febril. Em seis meses, pintou quarenta quadros. Liberto do academicismo, passou a concentrar sua atenção no ser humano, nos problemas sociais e na vida brasileira. Críticos de arte consideram que o mestre brasileiro absorveu algumas influências de Picasso (os pés e as mãos grandes dos homens e mulheres que retratou lembram muito alguns quadros do pintor espanhol) e do mexicano Diego Rivera, na escolha da temática de cunho social.

É dessa fase a tela "Café", que obteria menção honrosa na exposição promovida pela Fundação Carnegie, dos Estados Unidos, e chamaria a atenção do movimento artístico nacional e internacional. Portinari começava a fazer nome. Em 1939, pintou os murais do Pavilhão Brasileiro na Exposição Mundial de Nova York e o governo americano lhe encomendou os murais para a Biblioteca do Congresso, em Washington.

A eclosão da Segunda Guerra Mundial contribuiu para que o sentimental Portinari ingressasse na fase expressionista. Entre as obras desse período, destaca-se a capela da Pampulha, em Belo Horizonte (a princípio repudiada pela Igreja Católica). Portinari iniciou, também nessa época, a série de telas sobre os Retirantes, personagens esquálidos, maltrapilhos e famélicos.

Pintar, porém, não era suficiente. Ele perseguia o virtuosismo, como é natural entre as pessoas de temperamento SP. Passou a fazer misturas de tintas, de modo a chegar às cores pretendidas. Inventou até o azul Portinari (o que faz lembrar a nota azul, de Chopin, outro ISFP). A ONU, sediada em Nova York, lhe encomendou, então, os painéis Guerra e Paz, duas obras de arte que engrandecem o Brasil.

A essa altura, Portinari já podia dar-se ao luxo de residir em Copacabana, em um casarão da Avenida Atlântica. Em 1928, havia se casado com a uruguaia Maria Vitória Martinelli, na França. O casamento era harmonioso; o casal se distinguia pela arte de receber. Em Paris, era comum almoçarem com Albert Camus e Simone de Beauvoir.

Portinari fazia amizades com facilidade em qualquer lugar. Os grandes artistas e literatos de sua época o reverenciavam, entre eles Carlos Drummond de Andrade, que o considerava a expressão brasileira mais universal, não somente pela temática abordada em sua pintura mas especialmente por seu gênio criador. Ao longo de sua carreira, que não foi longa, produziu mais de cinco mil obras, sem repetir-se.

Também fazia versos. O poeta e amigo Manuel Bandeira, em 1964, reuniu-os na obra *O menino e o povoado*. Portinari sabia que era, antes de tudo, pintor. Por isso, logo na abertura, esclarece: "Quanta coisa eu contaria se soubesse a língua, como a cor".

No Rio de Janeiro, onde passou a maturidade, fez amigos e admiradores que permanecem até hoje. Tanto que, no ano do centenário de nascimento do pintor (2003), o *chef* francês Joël Guerin organizou um evento gastronômico em sua homenagem. Uma forma apropriada de relembrar que, embora pintasse a miséria em seus quadros, Portinari – como todos os sensoriais – absorvia o prazer pelos sentidos. Cores, odores, aromas fizeram parte de seu cotidiano. E apreciava-os, sobretudo na comida feita com esmero e nos vinhos finos.

Sua morte prematura, aos 58 anos, é atribuída às tintas (que continham chumbo) e à sua obsessão pela perfeição no uso destas, de que derivaram os graves problemas hepáticos que o vitimaram. Sem dúvida, viveu para a arte e morreu por causa dela.

CAPÍTULO 4

Os herdeiros da Terra: Guardiães

O segundo grupo de herdeiros da Terra é composto pelos tipos SJ (Guardiães), que representam entre 35% e 45% da população mundial. Compõem, majoritariamente, a massa humana de praticamente todos os países do hemisfério ocidental (deve-se levar em conta que maioria, no caso de tipos e temperamentos, não significa percentual acima de 50%). Adotando-se um rótulo que poderá parecer simplista, o que não é o caso porque o estudo dos tipos psicológicos é bastante complexo, os Guardiães podem ser denominados pessoas que tomam conta do mundo e dos outros, não importa qual seja a arena: a pátria, a família, os locais de trabalho, as instituições públicas e filantrópicas, as comunidades religiosas etc.[1] Na vida cotidiana, assumem papéis de **supervisores** (ESTJ), **inspetores** (ISTJ), **provedores** (ESFJ) e **protetores** (ISFJ). Os substantivos foram cunhados por Keirsey e as siglas por Isabel Myers.

Segurança, controle e comando

Os quatro tipos SJ têm muitos pontos em comum: são materialistas, no sentido de concretos, conservadores (preocupam-se com a moralidade e a durabilidade das relações e dos bens materiais), respeitam a hierarquia e a autoridade, são socializadores e doutrinadores, apreciam uma vida estável e a segurança. Acumulam bens ao longo da vida que, quase sempre, ficam para seus herdeiros, mas muitas vezes também para instituições filantrópicas ou entidades dedicadas a proteger o patrimônio cultural e artístico de seu local de origem. Ao longo da História, inúmeras vezes assumiram o mecenato que, nos dias que correm, foi substituído pela responsabilidade social ou trabalho voluntário (terceiro setor).

A responsabilidade social não se restringe aos guardiães sentimentais (F) como se poderia concluir apressadamente. Essas características são particularmente verdadeiras também quando se trata de tipos ESTJ (supervisores). A preferência T (pensamento) faz deles bons observadores da vida e dos comportamentos. E há mais um aspecto que nunca é demais repetir: o fato de uma pessoa preferir utilizar raciocínio lógico (função

Tipos psicológicos de temperamento SJ (Guardiães)

ISTJ	ISFJ	INFJ	INTJ
ISTP	ISFP	INFP	INTP
ESTP	ESFP	ENFP	ENTP
ESTJ	ESFJ	ENFJ	ENTJ

Guardiães	Administradores Logísticos	ESTJ (Supervisor) ISTJ (Inspetor)
SJ	Conservadores Logísticos	ESFJ (Provedor) ISFJ (Protetor)

Fontes: David Keirsey e Isabel Myers.

PREFERÊNCIAS E CARACTERÍSTICAS DOS GUARDIÃES

(NT)	Artesãos (SP)	Guardiães (SJ)	Idealistas (NF)	Racionais
Mundo favorito	Concreto	Concreto	Abstrato	Abstrato
Talentos	Táticos	Logísticos	Diplomáticos	Estratégicos
Inteligências mais evidentes	Corporal e cinestésica Musical	Lógico-matemática Interpessoal	Interpessoal Intrapessoal Lingüística	Lógico-matemática Espacial
Foco em	Ações	Resultados	Ideais	Idéias
Hábeis com	Instrumentos	Materiais	Pessoas	Sistemas
Inclinação para	Técnica	Moralidade	Ética	Invenção
Interesse principal	Artes (*lato sensu*)	Administração e negócios	Desenvolvimento e promoção humana	Tecnologia e ciência
Confiam em	Impulsos	Autoridade	Intuição	Razão
Objetivo	Virtuosismo	Execução	Sabedoria	Sapiência
Disposição para	Hedonismo	Estoicismo	Altruísmo	Pragmatismo
Humor	Agitados	Compenetrados	Entusiasmados	Fleumáticos
Valorizam	Generosidade	Gratidão	Reconhecimento	Deferência
Orgulham-se de ter	Habilidade	*Status* social	Empatia	Engenhosidade
Auto-afirmação na	Audácia	Beneficência	Compaixão	Autonomia
Liderança	Situacional	Estabilizadora	Catalisadora	Visionária
Comportamento	Utilitarista	Cooperador	Cooperador	Utilitarista

Dever, hierarquia e disciplina são palavras que definem os SJ e, especialmente, os ISTJ, como Duque de Caxias. Assim como os ISTJ (inspetores), os ESTJ (supervisores) são naturalmente inclinados para o mando e o comando, os sentimentais ESFJ (provedores) e ISFJ (protetores) são cooperadores logísticos, preocupados em ajudar as pessoas a resolver problemas concretos.

pensamento) para tomar decisões não significa que ela não tenha sentimentos, sensibilidade, afeto pelo semelhante. Todas as pessoas os têm em maior ou menor grau. O fato de não expressá-los, muitas vezes, relaciona-se com a atitude E-I (extroversão *versus* introversão). Pessoas introvertidas têm mais dificuldade em demonstrar o que sentem. Mas isso não as impede de agir.

Há, no entanto, uma nuança – em relação à análise dos fatos e tomada de decisão – que distingue os pensadores dos sentimentais. Aqueles são muito mais objetivos, enquanto os sentimentais primam pela empatia (conseguem pôr-se no lugar dos outros e sentir o que estes sentem). Os sentimentais podem rotular o comportamento dos pensadores como frieza, enquanto estes se consideram justos. Eles gostam de analisar fatos e pessoas, em diversas situações, extraindo conclusões sobre a propriedade ou impropriedade do modo de viver, trabalhar, relacionar-se.

Tipos de temperamento SP (Artesãos) costumam considerar tanto os ESTJ (supervisores) como os ISTJ (inspetores) "donos da verdade". De fato, grande parte deles passa essa impressão. Tal característica está diretamente relacionada com o fato de aceitarem, com enorme facilidade, os valores e as regras ditadas pela sociedade, pela família ou por uma instituição a que prezem, e se empenharem em vê-los respeitados por todos. Para isso, recorrem a estatutos, regulamentos e leis.

Pessoas conformistas se dão melhor em sociedades conservadoras. Quase sempre são as preferidas para liderar pessoas ou projetos. Ocupam o comando de áreas importantes no governo, forças armadas, polícia militar, poder Judiciário, empresas, instituições de ensino e financeiras e entidades diversas. Onde quer que adentrem, logo assumirão a liderança de algum trabalho ou de uma equipe.

O exemplo mais contundente do sentido de dever e liderança de um tipo SJ, no Brasil, foi Duque de Caxias. Mitologicamente, Caxias pode ser comparado ao herói Hércules, dado o grande número de missões que lhe foram confiadas e os desafios que teve de enfrentar para manter a integridade do território brasileiro. Em outra dimensão do dever, o da saúde, sobressaiu o sanitarista Osvaldo Cruz, que erradicou a febre amarela.

A rainha Elizabeth II, da Inglaterra, destaca-se, desde meados da década de 1950, como uma ISTJ altamente comprometida com o dever e a disciplina. Basta dizer que muito jovem assumiu pesados compromissos reais e familiares e, ao longo da vida, soube lidar de forma austera, discreta e independente com todas as situações que abalaram seu reinado. Um dos problemas mais difíceis que teve de enfrentar, sem perder a pose soberana, foi o casamento tumultuado e amplamente explorado pela mídia de seu filho Charles com Lady Di.

Os ESTJ e os ISTJ são os tipos mais empregáveis, tanto na indústria como no comércio ou na área de serviços. Onde quer que atuem, comportam-se como sustentáculos morais, por seu alto sentido de comprometimento, capacidade de trabalho e vigilância em relação aos princípios e valores que alicerçam a vida de uma instituição. Sentem-se confortáveis dando ordens, supervisionando o trabalho de outrem, indicando as direções a tomar, disciplinando e cobrando cumprimento de metas. Normalmente, dão o exemplo.

Estatísticas sobre liderança, realizadas entre executivos dos Estados Unidos, Canadá, México e Brasil revelam uma notável preferência por profissionais ESTJ e ISTJ, para cargos de alta gerência nas grandes empresas. No Japão e nos Estados Unidos, os ISTJ são os líderes favoritos. Tanto os ESTJ como os ISTJ são considerados por Keirsey **administradores logísticos**.

Disciplinadores, vigilantes, cumpridores de metas e profundamente comprometidos, é natural que sejam os preferidos em empresas que precisam obter lucros e manter-se no mercado. Há, porém, outro fator que contribui para o sucesso desses guardiães: eles nunca se acomodam. Estão sempre buscando cargos mais altos, salários mais compensadores, maior destaque social. Não importa que para isso tenham de sacrificar outras áreas da vida, como o convívio social e familiar. Incansáveis, dificilmente recusam novas responsabilidades, viagens freqüentes, acúmulo de cargos.

Com os subordinados, costumam ser exigentes, mas sabem reconhecer um trabalho bem-feito. Normalmente, gostam de fazer isso em público, durante comemorações ritualísticas, tanto nas empresas como nos quartéis ou nas escolas, em que sobressaem discursos e prêmios, placas de metal, medalhas, diplomas, relógios, emblemas, crachás de bronze e canetas com a logomarca da organização ou da corporação. Eles próprios são muito sensíveis a homenagens dessa natureza. Prezam o reconhecimento público, as honrarias, as comendas.

O mesmo comportamento também pode ser observado na vida familiar ou comunitária. São rigorosos na educação dos filhos e ficam felizes quando estes são homenageados na escola ou no trabalho. Dificilmente, porém, se derramam em elogios. Preferem estimulá-los a galgar outros degraus, lembrando-lhes que os maiores beneficiados serão eles próprios. Mas lhes é difícil admitir (embora seja verdadeiro) que um filho bem-sucedido significa uma homenagem à sua competência como pai/mãe e educador/a. É entre eles que se encontra o maior número de patriarcas e matriarcas. Normalmente, casam-se com mulheres/homens do mesmo temperamento. Mas pode acontecer, também, de virem a interessar-se por alguém do grupo dos Artesãos, principalmente se houver afinidade de interesses que apontem para uma união gratificante. Foi o que aconteceu, por exemplo, com o Príncipe Rainier, de Mônaco (ESTJ), que se encantou com a estrela de cinema Grace Kelly (ESFP). Para o principado, o casamento foi altamente vantajoso, porque Grace deu visibilidade (e atraiu investimentos norte-americanos) ao pequeno lugarejo, que era quase um apêndice da Côte D'Azur francesa. Possivelmente, ela tenha sido conquistada pelo *glamour* do título, princesa, que nenhuma mulher, nos Estados Unidos, poderia ostentar a não ser que encontrasse outro príncipe real. Depois do casamento, a rica herdeira de Filadélfia (a família teve de pagar um dote a Rainier, conforme mandava a tradição), passou a comportar-se como convinha a uma mulher de sua posição, isto é, como uma SJ.

Mulheres ESTJ não diferem muito dos homens da mesma tipologia. Podem ser comparadas à deusa Hera (Juno, em Roma) da mitologia grega, que era a esposa de Zeus (o grande patriarca do Olimpo). Normalmente, são excelentes administradoras de empresas, de escolas e do lar; educadoras severas, esposas atentas. Valorizam extremamente o casamento, encarando-o, muitas vezes, como uma carreira. Quando casadas com homens poderosos (os preferidos), querem que eles dividam com elas o comando. Quando eles o perdem (ou não o têm), preferem separar-se e exercer o poder diretamente ou casar-se com outro homem de posição social reconhecida.

Em geral, são calorosas, simpáticas e respeitadas em todos os locais. Sabem comportar-se publicamente, ainda que sua língua seja, muitas vezes, bastante ferina. Francas, não temem dizer o que pensam nem contar aos outros o que ocorre nos bastidores do poder e da família. Sua franqueza é considerada por outros tipos como rudeza o que, para elas, é um espanto, porque acham que se deve dizer sempre a verdade.

Algumas diferenças podem ser estabelecidas para distinguir os ESTJ (supervisores) dos ISTJ (inspetores). Os primeiros trabalham "em primeiro plano", enquanto os inspetores preferem os bastidores. São pessoas comprometidas até o tutano com o dever e, por isso, é natural encontrá-los nas forças armadas, nas quais desempenham cargos de confiança, na administração de negócios, nas áreas de seguros e segurança, em controle de qualidade e na área financeira. Seu apego a números e a detalhes faz grande diferença. Inspetores (ISTJ) procuram – e acham – o resultado líquido e certo. Normalmente, são os preferidos para trabalhar nos bancos e nos departamentos de auditoria, contabilidade e finanças das empresas.

É comum ocuparem posições executivas. Eles sentem-se confortáveis dando ordens ou ensinando melhores formas de trabalhar, sempre discretamente. Apreciam os funcionários que seguem os procedimentos, mas não hesitam em chamar a atenção dos que reagem mal e, se for necessário, levarão o caso à alta direção. Não escamotear os fatos, encará-los tal qual são, é um ponto de honra para os ISTJ, do mesmo modo que o cumprimento fiel da palavra empenhada. A imensa maioria prefere trabalhar sozinha, inspecionando tudo cuidadosamente. Falam baixo, são sóbrios tanto na expressão corporal como nas atitudes e no modo de vestir-se.

A durabilidade é um aspecto muito valorizado pelos ISTJ, que adquirem bens (desde a casa e o automóvel até os eletrodomésticos), e também escolhem cônjuges, levando em conta a permanência no tempo. É difícil que alguém os faça mudar de idéia quando se convencem de que fizeram a escolha certa. Em geral, são simples em todas as esferas da vida, desprezam a ostentação e têm orgulho de seu patriotismo.

Mulheres ISTJ sentem-se bem como donas-de-casa – principalmente se tiverem quem as ajude nas tarefas domésticas – e apreciam ser casadas com homens socialmente reconhecidos. Atualmente, com a inserção da mulher em múltiplos campos de atividade – inclusive na Polícia Militar – é cada vez mais comum a presença das ISTJ nos ambientes de trabalho. Assim como os homens, elas são disciplinadas, cumpridoras de seus deveres e líderes exigentes. Se tiverem boa formação escolar, rapidamente conquistarão posições de comando. Tradicionalistas e defensoras dos valores herdados dos pais, procuram educar filhos nos mesmos moldes em que foram educadas, preparando-os para um papel social respeitável. Têm dificuldade em expressar amor pelos herdeiros, o que para filhos sentimentais configura uma lacuna. São também muito econômicas, mesmo que tenham dinheiro. Recentemente, a imprensa mundial publicou, com grande dose de ironia, que a rainha Elizabeth, ao aposentar seu iate Britânia, aproveitou a roupa de cama usada no navio.

Adultos (e especialmente crianças) com temperamento SP (Artesãos) costumam apresentar dificuldades de relacionamento com pais SJ. Estes não entendem o espírito inovador e aventureiro, a energia e a ousadia, próprios daqueles. Se matriculados em colégios tradicionais, crianças e adolescentes SP não encontrarão atividades que estimulem seus dons naturais. Normalmente têm notas ruins, fato que desgosta profundamente pais SJ. Filhos de temperamento NF, freqüentemente, também se queixam de pais SJ. Para estes é difícil compreender o idealismo e a tendência para romantizar a vida, dois componentes do temperamento de pessoas NF.

Conservadores sentimentais

O segundo subgrupo dos SJ (ESFJ e ISFJ) é composto pelos **conservadores logísticos**, que diferem do primeiro subgrupo por utilizarem a função sentimento (F), enquanto os ESTJ e os ISTJ preferem o pensamento, para tomar decisões. ESFJ (provedores) e ISFJ (protetores) dirigem seu foco para o bem-estar das pessoas (preservação da vida e segurança material). Costumam ser agricultores, criadores de gado, merceeiros, bancários, empresários, agentes de seguros, bombeiros, supervisores de segurança e higiene do trabalho, escoteiros, médicos, enfermeiros, professores, comissários de bordo, garçons, secretários, bibliotecários, benfeitores, patrocinadores, *ombudsman* etc. Mas também são encontrados exercendo outras profissões, como jornalismo e literatura, relações públicas, gestão e desenvolvimento de pessoas.

Os ESFJ (sentimentais extrovertidos) são expressivos, conversadores, fazem amizades com muita facilidade. A preferência F (sentimento) os torna pessoas emotivas e suscetíveis de seduzir e ser seduzidas, com facilidade. Quando conhecem e gostam de alguém, tendem a colocá-lo em um pedestal. Se descobrem que se enganaram, sofrem muito, porque a desilusão é um fato com o qual não conseguem lidar de forma lógica.

Pessoas de temperamento ESFJ podem ser identificadas com a deusa grega Deméter (a Ceres dos romanos), símbolo da maternidade, da florescência e da frutescência.

Pessoas de tipologia ESFJ costumam ser excelentes na área de vendas, pois têm o dom de fazer com que o cliente se sinta único, valorizado, importante. Também se destacam em profissões voltadas para satisfazer necessidades pessoais, como ensino, serviço social, enfermagem, pediatria. Quando têm posses, são patronos de empreendimentos sociais, filantrópicos e artísticos. E, se empresários, procuram fazer da empresa uma grande família, assumindo não raramente um comportamento paternalista.

Os ESFJ gostam de dar festas, de participar de comemorações e de presentear. Do mesmo modo, apreciam o retorno. Sentem-se profundamente magoados quando sofrem qualquer tipo de ingratidão, em especial daqueles a quem mais se dedicaram ou a quem mais doaram. Dificilmente, assumem que erraram na escolha de seus afetos ou de suas amizades. Preferem atribuir a culpa aos outros e, às vezes, o fazem rudemente.

Faladores por excelência, é natural nos ESFJ gastar tempo e energia em conversas ociosas (que, para eles, não são). Por serem muito francos, geralmente são descuidados quanto a segredos ou a fatos que precisam permanecer ocultos. As mulheres, com freqüência, apreciam mexericos (embora jurem que não) e são ávidas consumidoras de revistas que desvendam a vida das celebridades e das pessoas da *high society* ou mesmo dos ricos e poderosos da sociedade local, em cidades pequenas.

Mulheres ESFJ são reconhecidas como competentes administradoras do lar, de escolas, hotéis e instituições do terceiro setor. Se casadas com homens SJ, pode-se esperar que ambos sejam excelentes anfitriões, que organizem muitas festas e aceitem convites com prazer. Mas, diferentemente dos artesãos SP (hedonistas por excelência), os SJ são "econômicos no gozar", para usar uma expressão bíblica. Isso significa que apreciam dinheiro e tudo que ele pode proporcionar, mas detestam desperdícios.

Tal comportamento é muito encontrado em famílias tradicionalmente ricas. Caracteristicamente, gente SJ atribui grande valor a tudo que é antigo (passa de geração para geração) e tem qualidade. Quem aprecia o que está na moda (portanto, sem lastro), e gosta de ostentar o que adquiriu, é rotulado *nouveau riche*, uma expressão pejorativa. Valorizam o que é valioso no mundo material: imóveis, minas, propriedades agrícolas, jóias, prataria, porcelana fina, enfim, tudo que resiste ao tempo e aos modismos, inclusive o casamento no civil e no religioso.

Como pais, tendem a encaminhar a carreira dos filhos. Se tiverem um escritório ou consultório (médico, odontológico, jurídico, de engenharia), ou uma empresa, desejarão ter os filhos como sócios e continuadores de seu trabalho. Também costumam interferir (nem sempre de forma discreta) na escolha do futuro consorte, desejando para genros e noras pessoas que prezem os mesmos valores que eles e se situem no mesmo patamar social. *Status* é um valor que os sustenta.

Apesar de vigilantes em relação ao que se espera deles, não é incomum que pessoas SJ cometam "deslizes", o que para elas, mesmo nestes tempos marcados por corrupção em amplos setores da sociedade, é grande desonra. Poderão ser enganados por empregados em quem confiam, falir ou apaixonar-se novamente, situações que lhes trarão vergonha e desconforto. Essa espécie de constrangimento é totalmente absurda para um tipo SP (Artesão), por exemplo. Ser enganado e falir, para os Artesãos, faz parte do jogo da vida. Terminar um casamento, por estar envolvido com outra pessoa, é fato corriqueiro. Mas raramente o é para alguém de temperamento SJ e, especialmente, para um ESFJ. Este só desfará uma união se for para casar-se outra vez (mas o escolhido ou escolhida terá de merecer esse sacrifício, a quebra do compromisso anterior).

Pais ESFJ são, também, muito "possessivos" e tradicionais em relação aos filhos. Tenderão a mantê-los debaixo de seu teto a maior parte do tempo possível. É comum em países com grande percentual de tipos ESFJ, como a Itália, por exemplo, que os filhos continuem morando com os pais depois do casamento. Mesmo que aqueles morem sozinhos (e, hoje, isso é comum até entre os solteiros), os casais ESFJ se esforçarão para acompanhar de perto a vida deles, orientando sua carreira profissional ou provendo recursos para que se sintam amparados e confortáveis. Mulheres ESFJ são as que mais sofrem (e têm dificuldade de adaptação a uma nova vida) quando os maridos pedem a separação ou os filhos saem de casa (grande parte desenvolve a "síndrome do ninho vazio"). A vida perde o sentido e muitas mergulham na depressão.

Viver para servir

Os outros sentimentais, os ISFJ (protetores), são grandes servidores. Têm alguns pontos em comum com os ESFJ, mas em muitos aspectos divergem. Em vez de conversadores, são quietos. Em lugar da agitação da vida social, preferem o silêncio, quando não a reclusão. Em tudo que fazem, são responsáveis, corretos, obstinados. Preocupam-se muito mais com os sentimentos alheios do que com os próprios. Muitas vezes são capazes de sacrificar-se por parentes, amigos e até por desconhecidos.

Atentos a riscos e perigos, é comum que os ISFJ sejam guardiães de irmãos mais jovens. Constituem-se em exemplos para estes, como aconteceu com Betinho (Herbert de Souza). Betinho foi também o maior símbolo brasileiro da luta contra a fome (na década de 1990) e contra o preconceito a portadores do vírus HIV, duas causas que, hoje, reúnem em torno delas milhares de ISFJ anônimos.

Um importante contingente de pessoas pertencentes a essa tipologia está à frente do trabalho voluntário, especialmente aquele devotado a pessoas excepcionais, como os portadores de Síndrome de Down, autistas, surdos-mudos, cegos, paraplégicos e doentes mentais, por exemplo.

Por serem muito modestos e introvertidos, quase não têm visibilidade social (nem se importam com isso). Trabalham como formiguinhas operárias, arrecadando fundos e mantimentos, estimulando os excluídos e sustentando campanhas, perante a opinião pública, em favor dos menos favorecidos.

A introversão impede que seus sentimentos sejam conhecidos em profundidade. Eles preferem assim: ser os anjos anônimos que protegem os necessitados e os que correm riscos. Como os bombeiros, por exemplo, e as enfermeiras dos hospitais de guerra (aliás, a Cruz Vermelha Internacional é nitidamente uma instituição SJ, enquanto a ONU e a Anistia Internacional são caracteristicamente NF).

Keirsey assegura que o ISFJ é o **menos** hedonista de todos os tipos: "eles querem trabalhar horas a fio em tarefas não reconhecidas e que a maioria dos outros tipos prefere ignorar". A maior parte dos ISFJ conhecidos é mulher. Grandes exemplos foram Florence Nightingale, Madre Teresa de Calcutá, Irmã Dulce, Pérola Byington e Carmen Prudente. No cinema, uma personagem ISFJ que conquistou o público foi a enfermeira representada por Juliette Binoche em *O paciente inglês*.

Um fato real que permite apreender o modo peculiar que os ISFJ têm de tomar conta dos outros refere-se aos bombeiros que sobreviveram ao ataque às torres gêmeas, em Nova York. Grande parte deles passou a cuidar das famílias dos colegas mortos, levando os órfãos à escola, fazendo o supermercado e, muitas vezes, casando-se com as viúvas.

Nas empresas, homens e mulheres com tipologia ISFJ costumam ser tarefeiros, ou seja, apoiadores em um projeto; nos hospitais, médicos plantonistas ou enfermeiros; nas escolas, secretários e bibliotecários; nos aviões, comissários de bordo; nos restaurantes, garçons. Quase sempre estão sobrecarregados, mas nunca reclamam das horas extras. Muitas vezes, tiram uma parte de seus salários para repartir com quem tem menos. Porém, sabem o valor de cada centavo. Aliás, desperdício é uma palavra que não cabe no dicionário de nenhum SJ, seja ele pensador ou sentimental.

Por preferirem trabalhar ajudando os outros, não apreciam locais onde a competição impera. Mas sentem-se confortáveis se tiverem um manual de procedimentos, um decálogo de regras a seguir, e se a tradição for obedecida. A inovação, geralmente, é evitada. O motivo: tudo que se mantém estável, foi conhecido, experimentado e testado – e deu certo – lhes dá segurança. Para pessoas de temperamento SJ, a segurança é a viga mestra que sustenta sua estrutura psicológica.

Quando pessoas ISFJ se casam, assumem o papel de nutridores da família e do casamento. Homens ISFJ costumam cooperar, prazerosamente, nas tarefas domésticas e nos cuidados com os filhos. Mulheres ISFJ são excelentes donas-de-casa, devotadas e discretas. Educam os filhos para serem boas pessoas e bons cidadãos. Maridos e filhos de mulheres dessa tipologia sentem-se seguros e confortáveis, pois sabem que nos momentos mais difíceis (uma doença, por exemplo) elas não lhes sonegarão seu apoio e sua dedicação. Normalmente, são exímias enfermeiras, mesmo sem diploma.[2]

Com freqüência, tipos ISFJ não se casam. Em parte, porque são pessoas discretas, introvertidas, com alto sentido de missão em relação ao próximo.

Seria difícil conciliar as absorventes atividades do lar – que para eles (tanto homens como mulheres) são prioritárias – com uma atuação social intensa em favor do próximo. Muitos preferem viver para as causas filantrópicas que abraçaram, como Irmã Dulce, a freira baiana que se tornou um símbolo do serviço ao próximo. Outros adotam crianças abandonadas e as criam como filhos. Há aqueles que se dedicam à religião, trabalhando como missionários em locais carentes de recursos de toda ordem, e não se incomodam de ficar expostos ao desconforto e a perigos, como a guerrilha, a guerra, as endemias e a falta de comida (Madre Teresa de Calcutá foi um grande exemplo). Finalmente, existem outros ISFJ que renunciam a uma vida pessoal em favor de pais enfermos ou irmãos deficientes.

NOTAS

1. *Estudando o comportamento da população norte-americana, por volta de meados do século vinte, o sociólogo Robert King Merton observou a predominância do temperamento SJ (embora não tenha utilizado esta terminologia). Merton denominou os SJ conformistas, pessoas que procuram ajustar suas expectativas e atitudes às normas sociais vigentes. Para algumas, a adesão é natural, pois são naturalmente conformistas (preferem que alguém lhes diga como agir e lhes proporcione segurança e estabilidade). Grande parte dos cidadãos, mesmo não sendo SJ, se adapta em maior ou menor grau. Há, entretanto, pessoas que subvertem os valores (isso foi particularmente notável na década de 1960, quando ocorreu o movimento da contracultura, liderado por tipos NF, idealistas; e SP, artesãos). Os artesãos correspondem, na tipologia de Merton, aos subversivos, enquanto os idealistas são denominados ressentidos. O quarto grupo é representado pelos revolucionários (racionais). São os racionais que elaboram as estratégias para a mudança, mas esta somente ocorre quando há um ressentido (idealista) motivando os "rebeldes" e liderando o movimento. Os subversivos (artesãos) são os que vão para a linha de frente – como na guerra.*

2. *Podemos comparar os piedosos e silenciosos ISFJ à deusa grega Héstia. Na Grécia antiga, era a deusa do lar, representada pelo fogo sagrado que ardia no centro da casa. Em Roma, foi denominada Vesta e suas sacerdotisas (as vestais) faziam juramento de castidade para toda a vida.*

MEMÓRIA – ESTJ (Supervisor)

RACHEL DE QUEIROZ, RAINHA DA ACADEMIA

Esta ESTJ foi uma das mulheres mais poderosas (se não a mais) da literatura brasileira e presença destacada em momentos históricos que marcaram a vida do país. Rebelde sem ser feminista, fez sempre o que quis, desde criticar um concurso de Rainha dos Estudantes, em 1925, para aceitá-lo três anos depois. Foi trotskista na juventude, e também anarquista. Depois, passou para a direita. Apoiou o governo militar, principalmente porque o primeiro presidente, Castello Branco, era seu conterrâneo. Cosmopolita, não conseguia deixar de lado sua origem cearense, permanecendo presa ao chão em que nascera (Quixadá) até o fim da vida.

Contraditória em muitos aspectos, foi, sobretudo, fiel a si mesma. Em 1939, quando as mulheres obedeciam cegamente aos maridos, separou-se do jornalista José Auto da Cruz Oliveira e juntou-se, logo depois, ao médico Oyama de Macedo, com quem viveu por quarenta anos.

Nascida em 17 de novembro de 1910 (e falecida em 5 de novembro de 2003), em um lar de cearenses ricos e letrados – o pai era juiz –, em 1939 já residia no Rio de Janeiro, local mais em acordo com suas ambições literárias. Teve apenas uma filha, que faleceu na infância. Dedicou-se à irmã mais nova, que lhe deu netos e bisnetos postiços.

Forte como as matriarcas nordestinas, sua fortaleza também se refletia em suas obras, desde *O quinze*, livro de estréia, aos 19 anos, cujo tema é a seca que se abateu sobre o sertão em 1915. O mais famoso, *Memorial de Maria Moura*, ela o escreveu com 81 anos, e remete igualmente à dura vida do interior nordestino. Excelente observadora da vida e dos seres humanos, soube transpor para o papel os conflitos destes.

Zelosa da obra produzida, soube promovê-la e promover-se. Simpática, extrovertida, cativante, teve amigos em todas as esferas do poder.

Cultivava como poucos a amizade, mas não se dobrava. Sabia quanto valia. Quando a Rede Globo adaptou *As três Marias*, que virou novela, procurou Roberto Marinho, para reclamar. "O senhor mande parar essa porcaria", teria dito ao presidente das Organizações Globo. O cordial jornalista lhe disse que era impossível; a novela estava toda gravada. Quando *Memorial de Maria Moura* foi adaptado para a televisão, exigiu um atestado que dizia ser a minissérie uma adaptação livre do original homônimo. "Aceitei tudo porque eles pagavam *in cash* para a gente; em dólar", disse em entrevista à revista *Veja*, em 1996.

Negociadora competente, colocou sua obra completa em leilão, arrematado pela Livraria Siciliano por uma quantia milionária e um adiantamento sobre as vendas de cerca de 150 mil dólares.

Dizia não gostar de escrever. E, também, que não tinha fé. Mas viveu da escrita a vida toda, principalmente como jornalista nas mais importantes revistas e jornais do país. Quanto à religião, houve quem reparasse nas imagens de santos que faziam parte da decoração de seu apartamento, no Leblon, carinhosamente denominado "Edifício Rachel de Queiroz", por ser ela a mais ilustre moradora.

Habilidosa em muitos aspectos, conseguiu ser a primeira mulher a ingressar na Academia Brasileira de Letras, em 1977. Antes dela, a paulista Dinah Silveira de Queiroz fizera uma ampla campanha para quebrar a ditadura masculina, que fazia da Academia um Clube do Bolinha. Os acadêmicos não gostaram. Rachel não fez campanha. E ganhou.

Mandou fazer o fardão, um vestido negro bordado a ouro, sob medida e de alta costura. Lá, também fez política. Em entrevista a *Veja*, contou ao jornalista Gérson Camarotti sobre os bastidores da Academia e seus conchavos. Revelou que para o Prêmio Camões (que ela ganhou), de 1993, "já tínhamos tramado a escolha de João Cabral (de Mello Neto), escondido do Jorge Amado. Isso porque tudo que era prêmio ia para o Jorge Amado".

O autor baiano estava entre seus preferidos, ao lado de outros escritores do ciclo regionalista, como José Lins do Rego e Graciliano Ramos. Mas achava Jorge Amado repetitivo e escravo do sucesso que

Detentores de prodigiosa força de vontade, os Supervisores (ESTJ) costumam ser a viga mestra de empresas, instituições e famílias. "Plugados" no que ocorre no mundo e ao seu redor, correspondem a cerca de 10% da população mundial.

conquistara: "É um amigo leal, mas um homem que quer fazer a carreira dele a todo custo". Não tinha papas na língua. Outro escritor que mereceu sua crítica foi Paulo Coelho: "Vende milhões. É um mistério porque não pode ser pior. Tentei ler um livro dele e, honestamente, não consegui passar da página 8".

Além de cozinhar, viajar para Quixadá (onde tinha uma fazenda) e conversar, gostava de ver futebol e lutas de boxe, na televisão. Não perdia um combate de Mike Tyson. Era aparentemente simples, embora extremamente vaidosa. Jamais se deixou fotografar sem maquiagem e um adorno (um colar de pérolas, de preferência). Na Academia Brasileira de Letras, deram-lhe o título de rainha. "Rainha, não", disse, "rainha foi Clarice." Referia-se a Clarice Lispector (*ler sobre Clarice no capítulo dedicado ao temperamento NF, sentimental intuitivo*).

A leitura da trajetória de vida de Rachel de Queiroz não deixa nenhuma dúvida de que pertencia ao grupo dos ESTJ (pensadora extrovertida com sensação introvertida, ou supervisora, para usar um termo de Keirsey). São pessoas que sabem exercer o poder, extremamente ativas, ligadas às suas raízes e à propriedade. Mitologicamente, lembra Hera, a esposa de Zeus. O arquétipo de Hera tem sido (quase sem exceção), ao longo da História da humanidade, o das matriarcas, das primeiras-damas e das rainhas. Ainda que não aceitasse o título, Rachel sabia que tinha majestade.

MEMÓRIA – ISTJ (Inspetor)

DUQUE DE CAXIAS, DEFENSOR DA PÁTRIA

Quem conhece História do Brasil a fundo e analisa com isenção (sem ideologia ou partidarismo) a trajetória de Luiz Alves de Lima e Silva reconhece nele o principal responsável pela manutenção da integridade do território brasileiro, durante o primeiro e o segundo impérios, e que persiste até os dias de hoje. E quem conhece mitologia grega há de concordar que o duque apresentava incrível semelhança com o herói grego Héracles (Hércules para os romanos).

Caxias serviu aos imperadores Pedro I e Pedro II tal como Héracles serviu à maior deusa do Olimpo, a poderosa Hera, que o condenou a doze trabalhos forçados. Entre eles: matar o leão de Neméia, um monstro indestrutível; liquidar a hidra de Lerna, criatura em forma de serpente, com muitas cabeças e hálito mortal; capturar a corça de Cerínia, velocíssima, e o javali de Erímanto, que devastava a região vizinha ao monte de mesmo nome; limpar os estábulos do rei Áugias; arrebatar o cinto de Hipólita – rainha das Amazonas – que era o símbolo da soberania daquela, e outros. Mais notáveis que os trabalhos – todos cumpridos – foram as expedições de que participou, a maior parte de natureza bélica. Também fez parte do grupo de argonautas, que navegaram até a Cólquida em busca do Tosão de Ouro.

Caxias participou das inúmeras revoltas, que pipocaram em diferentes locais do território brasileiro, logo após a Independência, e defendeu as fronteiras nacionais da ameaça representada pelos países vizinhos. Sem dúvida, foi o mais notável dos soldados brasileiros de todos os tempos.

Tinha o *physique du rôle* – como dizem os franceses – ou o temperamento certo para essa função (ISTJ – sensorial introvertido com pensamento extrovertido). Segundo seu mais importante biógrafo, Affonso de Carvalho, foi "um dos mais perfeitos cidadãos da humanidade e dos mais gloriosos cabos-de-guerra que já têm existido" (conforme consta no livro *Caxias*, da Biblioteca do Exército Editora).

Nascido em Porto da Estrela, Rio de Janeiro, em 1803, foi reconhecido como cadete aos 5 anos de idade. Era uma tradição da época, pois pertencia a uma família formada predominantemente por militares. Em dezembro de 1818, foi promovido a alferes e passou a integrar a Quinta Companhia de Fuzileiros de Guarnição da Corte. Em 1821, já era tenente.

Após a Independência, em setembro de 1822, Dom Pedro I resolve organizar um batalhão particular, denominado "Batalhão do Imperador". Entre os jovens que o compunham estava Luiz Alves. Não demorou a ser indicado para uma difícil missão: o general Madeira de Melo, na Bahia, decidira não reconhecer a independência do Brasil e cogitava formar uma aliança com Portugal. Em 2 de julho de 1823, o futuro Duque de Caxias vai à Bahia, domina as tropas rebeladas e regressa ao Rio. É promovido a capitão.

Outras missões estavam a caminho. Em 1825, é enviado para o sul onde irrompera a guerra da Cisplatina (na província do mesmo nome, situada na região do Prata). Começara com uma revolta entre brasileiros e portugueses, estes contra a Independência. Os brasileiros, comandados pelo general Lécor, vencem a disputa mas um terceiro elemento se aproveita da situação: o general Lavalleja, do Uruguai. E, posteriormente, entra em cena o exército argentino sob o comando de Martin Rodrigues. Foi nesse momento que o exército brasileiro pediu ajuda ao imperador, que enviou Caxias e seu batalhão.

Foi em Montevidéu que Caxias conheceu seu primeiro amor, a marquesinha de Montes Claros, Ângela, filha de D. Miguel Fuerriol – corregedor da cidade – e de dona Madalena Gonzales Luna y Zayas. Escreve-lhe versos. É correspondido. Mas a jovem marquesa acabaria se casando com um comandante do exército de seu país, o general Eugénio Garzón. Mais tarde, Caxias e Garzón lutariam lado a lado contra Oribe e Rosas. Mas essa já é outra história.

Retornando da guerra da Cisplatina como major, Luiz Alves de Lima e Silva reintegra-se ao Batalhão do Imperador e nele permanece até a

Os Inspetores (ISTJ) têm alto sentido de dever. Muito práticos, orgulham-se de pertencer a grupos, empresas e instituições de que são fiéis e disciplinados guardiães. Aproximadamente 10% da população mundial pertence a este grupo.

renúncia (em 1831) de D. Pedro em favor de seu filho, o infante Pedro de Alcântara. Na verdade, o imperador fora obrigado a renunciar. O povo estava descontente e mais ainda o exército, cuja farda era "constantemente desmoralizada", assegura Affonso de Carvalho na obra citada. Ao lado de brasileiros, "formavam os mercenários – sem pátria, sem bandeira, sem religião, sem ideal – unicamente postos em forma pelo prazer da aventura e a necessidade da pecúnia".

D. Pedro I tinha esperança de contar com a lealdade do Batalhão do Imperador. E apela para Caxias. O jovem major viveu seu momento mais difícil, desde que ingressara no Exército. A quem deveria ser leal: ao imperador ou à pátria? Diz Affonso de Carvalho que D. Pedro "bem sabia de sua dedicação, de seu conhecido e comprovado respeito ao princípio da autoridade e sua rígida compreensão dos deveres da lealdade e da disciplina. Naquele major austero e carrancudo, impermeável a toda e qualquer idéia de rebelião, podia estar a salvação do Império".

Mas não estava. Caxias responde com uma franqueza atordoadora para o otimismo do imperador: "que o espírito de rebelião lavrara na maioria dos oficiais do corpo, e tanto assim era que os anarquistas, contando com essa maioria, nem ao trabalho se haviam dado de perverter os soldados". D. Pedro compreende que perdera. Desobriga o jovem de seu dever de lealdade e diz-lhe que "siga a sorte dos seus camaradas reunidos no Campo de Santana".

Com a dissolução do Batalhão do Imperador, Caxias passa a comandar o Corpo de Guardas Permanentes da Corte. Em parte da década de 1830 e início da de 1840, ocupa-se em pacificar os estados do Maranhão (onde irrompera a Balaiada), de São Paulo (onde estourara uma revolta comandada pelo senador e padre Feijó) e de Minas Gerais (que aderira ao movimento paulista, denominado Revolução Liberal). Em 1841, foi agraciado com o título de Barão de Caxias, em homenagem à cidade maranhense onde os balaios se haviam rendido. Finda a Balaiada, assina mais de três mil atos de anistia, inclusive para os cabeças da revolução. "Caxias foi sempre o soldado", ressalta seu biógrafo. "Ninguém mais enérgico antes da vitória. Ninguém mais generoso depois do triunfo."

Já como coronel, segue em viagem de inspeção ao Rio Grande do Sul, conflagrado pela Revolução Farroupilha, liderada por Bento Gonçalves. O Conde de Lajes, então ministro da Guerra, diz a Caxias que não fizera dele um coronel mas um general "que há de pacificar o Rio Grande do Sul". Foi o que aconteceu.

Caxias soube esperar o momento certo para a pacificação. Naturalmente, renderam-se Canabarro, Bento Manuel e Bento Gonçalves, os heróis dos farrapos. Como nas vezes anteriores, os revoltosos não foram castigados mas anistiados. Conservaram suas patentes. Não era do espírito de Caxias tripudiar sobre os vencidos. Comprovava-se o que dissera ao povo gaúcho: que viera ao Rio Grande do Sul para ser um instrumento da paz. Assim, consagra-se como pacificador e assume o governo da província, cargo que ocupa por três anos e meio. No Rio Grande do Sul, uma cidade importante é batizada com seu nome.

Pacificada a província, recebeu o título de conde e foi guindado ao senado. Seus biógrafos são unânimes quanto à aversão de Caxias pela política. Era, antes de tudo, um soldado e se aceitou esse e outros cargos no governo foi por lealdade ao imperador D. Pedro II. "A política precisava mais dele que Caxias dela", destacou Affonso de Carvalho.

Entre os cargos que ocupou, sobressaiu o de ministro da Guerra. Foi-lhe outorgado depois de derrotar Oribe e Rosas, dois caudilhos que ameaçavam a liberdade no sul do continente sul-americano. Sobre esse episódio, escreveu Affonso de Carvalho: "A Pátria, mais uma vez, apela para Caxias. Desta vez não é para chamar à razão os rebelados contra a ordem e a lei. É o Brasil que está em perigo. É a própria civilização que, em terras sul-americanas, precisa ser desagravada". E foi. Tanto que o povo argentino, que vivia sob a tirania de Rosas, fez homenagem ao exército brasileiro. Caxias é recebido com honrarias em Buenos Aires, onde pede que sejam enterrados os cadáveres insepultos.

Em 1853, é designado para ministro da Guerra no gabinete presidido pelo Marquês de Paraná (Honório Hermeto Carneiro Leão), estadista que promoveu a conciliação no país. Morrendo este, Caxias é o sucessor natural. Mais uma vez, a política se intromete na vida do militar.

Tratava-se, no entanto, de um dever mais alto: e ele jamais se negaria a servir à pátria não importava onde nem quando. O império se consolida e ele entrega o cargo. Esperava retirar-se para sua fazenda, tendo o dia inteiro para ficar a sós, apreciando a natureza. Ledo engano. O imperador o convoca para presidir o ministério conservador, em 1861, função que exerceu por dois anos.

A aposentadoria ainda demoraria. Estoura a guerra do Paraguai. O exército brasileiro, comandado pelo general Zacarias, colhe uma série de insucessos. O império pede socorro a Caxias. O general contava já 65 anos e se considerava velho para entrar no combate. Porém, mais uma vez, venceu o sentido de dever. As tropas estavam desmotivadas, combalidas. Caxias se apresentou, viu o estado dos soldados, a falta de ânimo. Bastou uma frase: "Sigam-me os que forem brasileiros" para que as tropas se enfileirassem e o seguissem.

Com sua invulgar inteligência tática, Caxias derrota os paraguaios em todas as frentes: Itororó, Avaí, Lomas Valentinas. Vitorioso, entra em Assunção. O império o promove a duque. Para o velho general, era hora de sair do campo de batalha e da política. Mas a pátria enfrentava um momento delicado, no governo. Caxias é convocado para presidir o Gabinete (1875-1878) e pacificar a nação após a tormentosa questão religiosa (atritos entre a Igreja Católica e o governo imperial, envolvendo a maçonaria).

Logo depois, a morte da esposa, Anica, o faz renunciar à vida pública. O sonho longamente tecido – o retiro no velho casarão da Tijuca – finalmente se realiza, mas não da maneira como imaginara. Para lá, vai só. O filho morrera antes da mulher. Em carta enviada ao general Osório, herói da guerra do Paraguai, confessa que se sente cada vez mais cansado "deste mundo de enganos".

Em 7 de maio de 1880, falece em sua fazenda o grande pacificador. Dispensou as honras militares. Seis soldados rasos carregaram seu ataúde até a cova, no cemitério do Catumbi, Rio de Janeiro. Viveu como um ISTJ e como ISTJ fez questão de ser enterrado: sem qualquer pompa nem solenidade.

MEMÓRIA – ESFJ (Provedor)

ROBERTO MARINHO,
O MAGO DOS NEGÓCIOS

Durante boa parte dos séculos dezenove e vinte, o escritor Machado de Assis (um tipo de temperamento NF) foi denominado por críticos literários e jornalistas como "o bruxo do Cosme Velho", uma referência ao bairro onde residia, no Rio de Janeiro, e à alquimia de sua literatura. Guardadas as devidas diferenças, o título caberia muito melhor em Roberto Marinho, que residiu a maior parte de sua vida em uma mansão no Cosme Velho e foi um mago da Comunicação, além de grande incentivador da cultura, do jornalismo e do entretenimento; o relações-públicas nato, que atraía simpatias à esquerda e à direita, mesmo nos duros tempos da ditadura (1964-1984).

O jornalista (como gostava de ser chamado), proprietário das Organizações Globo, das quais se destaca a rede de televisão, presente em diversos países, foi, sobretudo, um provedor (ESFJ – sentimental extrovertido com sensação introvertida), com a característica de saber utilizar também, com muita propriedade, a função T (pensamento) e, deste modo, conseguir um equilíbrio raro em situações delicadas que exigiam capacidade de decidir com acerto.

Um momento desses está relacionado ao falecimento de seu pai, Irineu Marinho, duas semanas após ter fundado o jornal *O Globo*. Herdeiro do periódico, aos 26 anos de idade, Roberto não se considerava apto para assumir o comando da redação. Preferiu transferir a responsabilidade a funcionários mais experientes e, humildemente, tornou-se aprendiz, passando pelos diversos setores do jornal.

A humildade era uma espécie de herança. Sabe-se que o patriarca Irineu era originário de família modesta, de Niterói, e se iniciara no ofício de jornalista começando por uma das funções menos valorizadas: revisor do jornal *Diário de Notícias*.

Quando faleceu, em 2003, apesar do sucesso e do reconhecimento nacional e internacional, no mundo da Comunicação, Roberto Marinho foi lembrado por velhos e novos colaboradores como uma pessoa afável, educada e "boa de prosa".

O ator Lima Duarte, em depoimento à revista *Época*, logo após o falecimento, lembrou-se de que quando a estátua do Cristo Redentor foi reinaugurada (depois de passar por limpeza e restauração, patrocinadas pela Fundação Roberto Marinho), o "patrão" lhe solicitara apoio para subir a imensa escadaria que leva ao Cristo. Chegando ao topo, o ator resfolegava, enquanto o "velho" jornalista respirava normalmente. "O senhor está melhor do que eu", observou Lima. "O senhor é mesmo um grande ator", replicou Roberto.

No livro *Gifts differing*, escrito em parceria com seu filho Peter Myers, Isabel cita um estudo realizado em 1965 pelo pesquisador Harold Grant, no qual consta a seguinte observação: "os indivíduos do tipo ESFJ escolhem uma oportunidade para servir os outros" como a característica mais importante do trabalho ideal.

Essa conclusão se aplica inteiramente ao jornalista brasileiro. Abrindo espaços para trabalhar, ao longo de seus 98 anos de vida, Roberto Marinho não criou um império para si, mas para dar oportunidade aos inúmeros talentos que bateram às portas das Organizações Globo pedindo emprego. Para a maioria deles foi uma espécie de patrocinador ou de "mecenas", quando não protetor.

Tal característica ficou muito evidente durante o período da ditadura, época em que se fazia verdadeira caça às bruxas nas redações. Os militares queriam os nomes dos comunistas. Ficou famoso o modo como o jornalista resolveu o impasse. Mandou para o comandante do Exército a folha de pagamento do jornal, com os nomes de todos os funcionários, e pediu que ele mesmo os identificasse, fato que teria irritado o general.

Outro episódio marcante teve a ver com o ministro da Justiça do Governo Castello Branco, Juracy Magalhães. Este lhe apresentou uma lista de copidesques (considerados, não se sabe bem por quê, os profis-

Notáveis anfitriões, tanto no espaço público como no privado, os Provedores (ESFJ) são nutridores da harmonia. Sociáveis e calorosos, conquistam facilmente a simpatia e a colaboração dos outros. Correspondem a cerca de 12% da população.

sionais mais perigosos para o regime) que deveriam ser demitidos. Na reunião com o ministro, Roberto Marinho se negou e disse uma frase que se tornou antológica: "Ministro, o senhor faz uma coisa. Vocês cuidam dos seus comunistas, que eu cuido dos nossos lá do Globo".

Empregados antigos lembraram, em entrevistas, que ele contratava profissionais independentemente de simpatias pessoais. Um dos casos citados foi o de Franklin de Oliveira, assessor de Leonel Brizola, autor de textos virulentos contra Marinho. Desempregado, Oliveira foi contratado como editorialista, por causa de seu caráter e inteligência. O mesmo sucedeu com Paulo Francis, brilhante jornalista que fazia ataques ferinos ao dono de *O Globo*, por meio do jornal *O Pasquim*.

Outras características interessantes dos tipos ESFJ, muito evidentes em Roberto Marinho, são a dedicação ao trabalho, a conservação das aquisições e a expansão de suas conquistas. Este comportamento é notável não apenas em pessoas, mas também em povos.

O interesse pelo crescimento contínuo, por parte do patriarca do clã Marinho, ficou bastante evidente quando, em 1965 (ele estava, então, com 61 anos de idade), apostou na criação de um canal de televisão e em um novo padrão de qualidade. Cinco anos depois, a Globo já era campeã de audiência nacional e pioneira na transmissão via satélite (o vôo tripulado da Apollo XI). Em 2003, a emissora alcançava 98% dos 5.500 municípios brasileiros, o que significava 157 milhões de telespectadores potenciais.

O tipo ESFJ pode ser relacionado, como dissemos linhas atrás, à deusa Deméter (o arquétipo da grande mãe, provedora e educadora). Não é de admirar que um dos empreendimentos mais caros ao coração de Roberto Marinho tenha sido a Fundação que leva seu nome, destinada não apenas a preservar o patrimônio histórico nacional, mas sobretudo a apoiar ações de educação e cidadania. Aí estão concretizados dois anseios: responsabilidade social e senso de dependência (no sentido de gostar de pertencer a algum lugar ou a algum grupo), dois dos principais pilares que sustentam emocionalmente os tipos SJ.

GUARDIÃES

MEMÓRIA – ISFJ (Protetor)

IRMÃ DULCE,
ALMA MISSIONÁRIA

Até parece que uma conhecida canção baiana, que diz entre outras coisas: "Teco, teco, teco, teco, teco na bola de gude era o meu viver. Quando criança, no meio da garotada, com a sacola do lado, só jogava pra valer... Subia em poste, empinava papagaio, até meus 14 anos era esse o meu mal" foi feita para a menina soteropolitana Maria Rita Lopes Pontes, na longínqua década de 1920.

A jovem filha do Dr. Augusto Pontes, educada e prendada, mas também apreciadora dos folguedos de rua e grande torcedora do Ypiranga, a cujos jogos não deixava de assistir, nos campos de futebol, levava a vida como qualquer garota de sua idade. Nascera em lar bem constituído, portanto sem conhecer as agruras dos que nascem em casa pobre e dos que vivem na rua. Ela não sabia, ainda, e muito menos seus companheiros de empinar pipas, que o "destino" lhe reservara uma importante missão. E que, um dia, teria seu nome inscrito na História como uma das maiores benfeitoras dos humildes e desprezados.

Os acontecimentos se sucederam de maneira fluida, como em um conto de fadas às avessas. Em 5 de fevereiro de 1960, quando a ex-Maria Rita inaugurou o novo Albergue Santo Antônio, com 150 leitos, e um ano depois – exatamente a 19 de julho de 1961 – foi aprovado o Estatuto da Associação Obras Sociais Irmã Dulce, no qual figurava como presidente *ad perpetuum*, a ilustre freira baiana já havia comemorado as bodas de prata na profissão religiosa e muito havia feito em torno da obra da Congregação das Irmãs Missionárias da Imaculada Conceição da Mãe de Deus. Assim fora e assim seria até o final de sua vida, em 13 de março de 1992.

Mas foram as irmãs da Congregação que ela exaltou em seu discurso, repartindo com elas seus esforços e os louvores da mídia, mais que merecidos após décadas de trabalho permanente em favor dos operários, dos pobres, dos marginalizados, dos necessitados, dos sem instrução e sem educação, enfim, dos que careciam de amparo e assistência social. A freira citava números. Em apenas um ano, as obreiras haviam curado 36.828 doentes (dados citados pelo italiano Gaetano Passarelli na biografia *Irmã Dulce, o anjo bom da Bahia*).

Esta introdução seria suficiente para identificar, de imediato, o tipo psicológico de Irmã Dulce. O temperamento dessa benfeitora – nascida em Salvador, Bahia, a 26 de maio de 1914 – é caracteristicamente protetor, destaca-se pela piedade, pela modéstia e pelo sentido de dever, traços quase sempre encontrados nos sensoriais introvertidos com sentimento extrovertido. Este é o tipo mais piedoso e o menos hedonista dentre os dezesseis, conforme concluíram Isabel Myers e David Keirsey. Alguns exemplos: Madre Teresa de Calcutá (a freira albanesa que cuidou dos indianos miseráveis), Ana Nery (enfermeira brasileira, voluntária na guerra do Paraguai) e Florence Nightingale (enfermeira inglesa que atuou na guerra da Criméia e fundou uma escola em Londres) foram personalidades que passaram pela Terra como símbolos de dedicação ao próximo, fortaleza de caráter, ânimo forte, senso de dever e um profundo respeito pela lei e pela ordem.

Voltemos ao "Anjo da Bahia". Frei Hildebrando Kruthaup, que com ela trabalhou no Círculo Operário, em Salvador, e cujo nome aparece em muitos trechos do livro citado, lembrou que Irmã Dulce possuía uma mentalidade prática (portanto S, sensorial) e muito pouco teórica, "isenta de qualquer tendência político-partidária e ideológica. Seu objetivo era apenas um: viver de maneira radical o ideal caridoso cristão de ajudar os necessitados, imediatamente e da forma mais eficaz".

Foram a visão prática e a inteligência logística que lhe permitiram levar a bom termo sua missão. Por ser independente (uma característica dos introvertidos), podia pedir a todos e disso não se envergonhava. Pedia às autoridades constituídas, aos poderosos da indústria e do comércio, aos influentes e também à gente comum. Por sua prodigalidade no pedir, foi duramente criticada pela esquerda brasileira que achava

O anelo de servir ao próximo, pessoalmente, encaminha muitos Protetores (ISFJ) para a vida religiosa e a assistência social. Correspondendo a cerca de 12% da população, os ISFJ são considerados os mais humildes e piedosos dentre os dezesseis tipos.

que, ao assim proceder, enganava a opinião pública, pois os políticos e as pessoas mais venais transformavam-se em santos perante aquela. Essas questões não interessavam à missionária. Rechaçava as acusações dizendo que "Deus não gosta dos insensíveis. Eu não entro na área política, não tenho tempo para me ocupar com as implicações partidárias. O meu partido é o da pobreza. Eu só não gosto quando usam meu nome para conquistar simpatias" (extraído da obra citada). O trabalho dela começara cedo. Desde o dia em que sentira o chamado. Queria ser enfermeira, mas o pai já tinha escolhido a Escola Normal. Acabou sendo professora e enfermeira. Mais que isso: benfeitora dos miseráveis, que os havia aos milhares nos bairros pobres, nas ruas e nos becos de Salvador. "Não é preciso ir à África para ver de perto a miséria", dizia sempre.

Sua mentora foi Madalena Lopes Pontes, a "tia Madaleninha", que a levou um dia para uma reunião na Associação do Apostolado do Coração de Jesus, que presidia. A jovem não entendeu nada do que ali se discutia, mas compreendeu, depressa, o que era a outra margem da vida, ao descer com a tia para a Baixa dos Sapateiros e percorrer vielas infectas para socorrer pobres, doentes e moribundos. "Não conseguiu dormir naquela noite", narra Gaetano Passarelli, "sua alma tinha sido arada, fora arrombada para receber uma nova plantação, e o semeador tinha passado e semeado o grão". No dia seguinte, a jovem achegou-se à tia para lhe dizer: "Tia Madaleninha, quero ir com você, no domingo".

A escolha impunha renúncia total: à vida amorosa, à família, ao casamento e a filhos, ao cinema, às festas e ao seu ídolo Popó. Seria só trabalho e luta diária contra a miséria e a morte. Mas valeu a pena. Tanto que, antes de morrer, Irmã Dulce afirmou que, se pudesse, faria tudo de novo. Trabalhou em favor do próximo como tanta gente anônima, mas seu trabalho alcançou repercussão internacional, a ponto de para ele convergir ajuda estrangeira. De Detroit (EUA) vinham medicamentos e, em 1962, Los Angeles tornou-se cidade irmã de Salvador, para a remessa de alimentos, remédios e dinheiro, provenientes da organização People to People.

Em 1979, outra grande missionária viria visitá-la na Bahia. Era Madre Teresa de Calcutá, que inaugurou uma obra em Alagados, bairro onde Irmã Dulce iniciara seu apostolado, arrombando casas desocupadas para cuidar de doentes abandonados nas ruas. Naquela oportunidade, a freira albanesa – então indicada para o Nobel da Paz – lhe fez ver que seu trabalho era mais difícil, pois na Índia Madre Teresa não tinha de arranjar o dinheiro para cuidar de seus pobres e doentes. Talvez ela jamais tenha sabido que do galinheiro do Convento de Santo Antônio, onde morava, Irmã Dulce havia feito um hospital e de uma barraca de camelôs abandonada na rua, em frente, fizera uma "casa" para recolher meninos de rua.

Foi a partir das casas arrombadas, do galinheiro e da barraca de regateiros que se ergueu a obra do Círculo Operário da Bahia e do Hospital Santo Antônio, culminando na Fundação Irmã Dulce.

Previdente – outra característica do temperamento SJ –, antes de morrer manifestou sua vontade: para sua tranqüilidade espiritual, pedia a "Deus que jamais permitisse que o hospital se transformasse em fonte de renda, sob qualquer pretexto". Consta de sua Declaração de Vontade que "a finalidade do hospital é atender aos pobres, aos doentes e aos necessitados gratuitamente e com toda a dedicação".

Seu último desejo era transformar a Associação em Fundação. Para viabilizá-lo, aconselhou-se com o Cardeal e com especialistas em Direito e Economia. Revela-se nessa providência outro importante traço do temperamento SJ: o respeito à autoridade constituída e aos detentores do saber, além de prudência no momento de tomar decisões que resultem em grandes transformações. São inegáveis o receio e a desconfiança dos SJ em relação a mudanças.

Em 8 de fevereiro de 1983, foi inaugurado o novo Hospital Santo Antônio. Irmã Dulce celebrava bodas de ouro de sacerdócio. Ao ato inaugural compareceram as mais altas autoridades políticas, civis e religiosas da Bahia. Ela, porém, só reverenciava Deus. De público, renovou os votos para viver "sempre em castidade, pobreza e obediência, no Espírito do Evangelho, em sintonia com a regra da Ordem Terceira Regular de

São Francisco e das constituições das Irmãs Missionárias da Imaculada Conceição da Mãe de Deus". Um juramento de uma alma sumamente piedosa e obediente mas, sobretudo, uma promessa bastante pertinente para aqueles que, como ela, "pertencem" à tipologia ISFJ.

Irmã Dulce acreditara, desde o início, que o futuro do Brasil dependia da recuperação dos jovens (alguns empresários, atualmente, pensam como ela). Não perdia oportunidade de divulgar sua filosofia. Ao jornalista Odylo Costa que, por ocasião da morte do filho, publicou uma matéria na revista *O Cruzeiro*, concitando os brasileiros a abraçar a causa da juventude abandonada, a freira baiana enviou uma carta aberta. Entre outras informações dizia: "Desde 1959, recolhemos da rua e convidamos a viver no nosso Albergue esses rapazes marginais, conhecidos como capitães da areia. Pequenos ladrões e batedores de carteiras. Alguns se adaptam à nova vida, outros não. São renitentes e de difícil recuperação. Fogem mas retornam".

Os "capitães", segundo contou, "nunca foram castigados com violência. Ao acompanhar de perto o processo de recuperação desses rapazes, vê-se que nada está perdido, que existe sempre um caminho para a salvação, desde que se lhes ofereça a devida oportunidade", dizia. Como servidora de Deus, parecia que tinha bem nítida a máxima de que se deve perdoar o semelhante não apenas sete vezes, mas setenta vezes sete.

CAPÍTULO 5

Os exilados de Vênus e de Júpiter

Se os tipos sensoriais são os herdeiros da Terra, podemos afirmar que, por suas características, os tipos intuitivos (tanto os sentimentais quanto os pensadores), que correspondem a 15% da população mundial, são os exilados de outros planetas. Alegoricamente, é válido relacionar os NF (Sentimentais Intuitivos) ao planeta Vênus (por evocar o amor) e os NT (Racionais), a Júpiter.

Idealistas: o heróico, o lírico e o sagrado

Os NF são denominados por Keirsey Idealistas e, dentre todos os temperamentos e tipos, são os mais direcionados para o bem-estar, principalmente psicológico e espiritual, das pessoas. São, também, os grandes compradores de causas políticas e sociais, além de acirrados defensores da paz, da justiça e da liberdade.

Na primeira fase de seus estudos, na década de 1970, Keirsey denominou os NF apolíneos, relacionando-os ao deus Apolo, que reunia mais de 200 virtudes, entre elas: deus da luz, da poesia e da música, da cura por encantamento, da arte divinatória e protetor do oráculo de Delfos. Os NF também apresentam, conforme concluímos, características acentuadas da irmã gêmea de Apolo, a guerreira Ártemis (compradora de causas), e de Perséfone e Afrodite, a primeira estreitamente vinculada à vida espiritual e ao *self* e a segunda, deusa do amor (Vênus, em Roma).[1] As pessoas de temperamento NF foram divididas por Keirsey em dois grupos: **mentores** e **advogados**.

Por serem raros, é difícil encontrar em uma mesma família muitos membros NF. Normalmente, ocorre o contrário: o Idealista é um estranho no ninho, muitas vezes rotulado como louco. Uma singularíssima exceção é a família Villas Boas em que quatro irmãos, Orlando, Cláudio, Leonardo e Álvaro, dedicaram a vida à causa dos índios brasileiros.

Ainda muitos jovens, abandonaram bons empregos em São Paulo para integrar a expedição Roncador-Xingu, que estabeleceu o primeiro contato com o povo Xavante, às margens do Rio das Mortes (Araguaia), e prepa-

Tipos psicológicos de temperamento NF (Idealistas)

ISTJ	ISFJ	**INFJ**	INTJ
ISTP	ISFP	**INFP**	INTP
ESTP	ESFP	**ENFP**	ENTP
ESTJ	ESFJ	**ENFJ**	ENTJ

Idealistas	Mentores	ENFJ (Professor)
		INFJ (Conselheiro)
NF	Advogados	ENFP (*Champion*)
		INFP (*Healer*)

Conforme Isabel Myers (siglas) e David Keirsey (denominações). As explicações sobre o significado de champion *e* healer *são apresentadas adiante.*

PREFERÊNCIAS E CARACTERÍSTICAS DOS IDEALISTAS

	Artesãos (SP)	Guardiães (SJ)	Idealistas (NF)	Racionais (NT)
Mundo favorito	Concreto	Concreto	Abstrato	Abstrato
Talentos	Táticos	Logísticos	Diplomáticos	Estratégicos
Inteligências mais evidentes	Corporal e cinestésica Musical	Lógico-matemática Interpessoal	Interpessoal Intrapessoal Lingüística	Lógico-matemática Espacial
Foco em	Ações	Resultados	Ideais	Idéias
Hábeis com	Instrumentos	Materiais	Pessoas	Sistemas
Inclinação para	Técnica	Moralidade	Ética	Invenção
Interesse principal	Artes (*lato sensu*)	Administração e negócios	Desenvolvimento e promoção humana	Tecnologia e ciência
Confiam em	Impulsos	Autoridade	Intuição	Razão
Objetivo	Virtuosismo	Execução	Sabedoria	Sapiência
Disposição para	Hedonismo	Estoicismo	Altruísmo	Pragmatismo
Humor	Agitados	Compenetrados	Entusiasmados	Fleumáticos
Valorizam	Generosidade	Gratidão	Reconhecimento	Deferência
Orgulham-se de ter	Habilidade	*Status* social	Empatia	Engenhosidade
Auto-afirmação na	Audácia	Beneficência	Compaixão	Autonomia
Liderança	Situacional	Estabilizadora	Catalisadora	Visionária
Comportamento	Utilitarista	Cooperador	Cooperador	Utilitarista

Os Idealistas (NF) são facilmente reconhecíveis, pois diferem da maioria da população. Apresentam notáveis inteligências pessoais e lingüística, o que os encaminha, naturalmente, para trabalhar com pessoas. Sua atenção concentra-se no mundo abstrato: psique, alma, ideais, sonhos. O modo de ser dos Idealistas foi muito bem expresso pelo poeta Fernando Pessoa que, ao citar navegantes antigos ("navegar é preciso, viver não é preciso"), afirmou que, como eles, "não conto gozar a vida; nem em gozá-la penso".

rou o caminho para a construção de Brasília, graças às estradas e aos inúmeros campos de pouso para aviões, abertos por toda a região central.

"Não nos interessava a vida da cidade. Não almejávamos carros nem iates, nem colecionar mulheres ou subir na escala social; buscávamos algo que nos realizasse como gente e que não sabíamos bem o que era", disse em entrevista, certa vez, Orlando, resumindo em poucas palavras o que diferencia os tipos NF dos demais: em geral, eles sentem que não nasceram para uma vida comum, mas para uma "missão".

Foi assim também com Sérgio Vieira de Mello, doutor em filosofia e política, que escolheu trabalhar na Organização das Nações Unidas e "advogar" em favor da paz em diversas áreas conflagradas, como Timor Leste, Kosovo e Iraque, onde foi morto.

Idealistas não são apenas os que defendem os que não "têm voz" e os excluídos, ou que almejam instaurar uma nova ordem nacional ou mundial. Idealistas sonham também em outras latitudes. A transcendência ou a busca de um caminho de realização, por intermédio da religião, é uma delas. No passado foi bastante comum pessoas NF se encaminharem para conventos e mosteiros, quando não para trabalhos missionários. No início da colonização brasileira, foram particularmente importantes as atuações dos padres Manoel da Nóbrega (ENFJ), José de Anchieta (INFJ) e Manoel de Paiva (ENFP). O espanhol José de Anchieta foi um "diplomata", professor e poeta inspirado. Refém dos Tamoios, que estavam em guerra contra os portugueses, no cativeiro (localizado na atual Ubatuba), escreveu em latim, na areia da praia, um poema à Virgem Maria, com quase seis mil versos. Lingüista, aprendeu tupi relacionando esta língua ao idioma basco e, em pouco tempo, tornou-se intérprete dos índios e dos colonizadores. Também o padre e literato Antonio Vieira fez parte do grupo dos NF.

Aliás, os NF costumam ser notáveis nas letras e na arte, principalmente os tipos introvertidos. Na literatura, a relação de "imortais" é vasta, porque pessoas com este temperamento aliam inteligência lingüística acentuada às inteligências interpessoal e intrapessoal. Machado de Assis e Fernando Pessoa integram este seleto grupo. Também podem dedicar-se ao cinema, uma área onde predominam pessoas de tipologia ISFP. Pier Paolo Pasolini, Ingmar Bergman e Walter Hugo Khouri demonstraram empenho e paixão em traduzir as emoções humanas, muito mais do que preocupação com o virtuosismo técnico (próprio dos ISFP). Preferiram valer-se da comunicação visual para perscrutar e expor os escaninhos da alma humana com suas múltiplas lutas e angústias existenciais. Também Glauber Rocha e Oduvaldo Viana Filho, que queriam transformar o mundo, tinham temperamento NF.

Nas artes cênicas internacionais sobressaíram como atrizes Greta Garbo, símbolo de solidão, sofrimento e inacessibilidade (INFP), e Marlene Dietrich (ENFP), cuja vida valeu a pena – segundo documentário realizado pelo neto da atriz – não pelo cinema, mas por sua luta contra o nazismo, que a fez trabalhar para os aliados, viajar para as zonas conflagradas e divertir os pracinhas nos campos de batalha. Destacaram-se também Jane Fonda (ativista política) e Audrey Hepburn (embaixatriz da Unicef). No Brasil, Dina Sfat, Glauce Rocha, Lélia Abramo e Cacilda Becker são nomes lembrados não apenas pela profundidade de suas interpretações, como também por sua luta em favor da classe artística e defesa da liberdade de expressão em tempos de ditadura.

Na dramaturgia, destacaram-se Arthur Miller e os representantes do teatro do absurdo: Eugène Ionesco, Jean Genet, Samuel Beckett e Fernando Arrabal. Ionesco dizia que não se habituava com a vida. Por isso, ironizava-a escrevendo textos em que seus personagens buscavam a razão da existência, valendo-se da lógica formal. O humor contagia mas por trás dele está a amargura cotidiana. Sobre Samuel Beckett bastaria citar sua obra *Esperando Godot*, uma parábola metafísica que expressa o medo do homem, que perdeu a fé e a esperança, quando se defronta com a mais temível das perguntas: para que sobreviver?

A psicologia e a psiquiatria são também áreas povoadas por muitos NF, entre eles Carl Rogers, uma referência mundial. No Brasil, foi particularmente importante o trabalho da psiquiatra Nise da Silveira, seguidora e discípula de Jung, que dedicou sua vida à recuperação de doentes mentais. Nascida em Alagoas em 1905 e falecida no Rio de Janeiro em 1999, iniciou seu trabalho no hospício da Praia Vermelha, na capital fluminense, época em que também entrou para a "esquerda" e foi presa pela ditadura Vargas. Segundo seu biógrafo Walter Melo, "Nise da Silveira sempre se equilibrou em um fio de navalha, entre as estruturas rígidas das instituições e sua inegável vocação para a marginalidade. O seu feito geralmente mais celebrado foi ter transformado honestas e sedativas atividades de Terapia Ocupacional em via libertária de realização estética dos internos do Engenho de Dentro".[2]

Valores dominam o pensamento

A vontade domina o intelecto, dizia Schopenhauer, enquanto William James acreditava que nossos valores dominam nossos pensamentos. A crença de James é própria de uma pessoa de temperamento Idealista (NF). Dos quatro temperamentos, os NF são os menos interessados em conquistas materiais. Tipos SP e SJ são flagrantemente concretos, "materialistas", e os NT, embora intuitivos, criam e inventam tendo por meta a utilização de suas criações no mundo material. Idealistas não. Eles estão permanentemente voltados para a dimensão psíquica, emocional ou espiritual. Seu prazer, ou seu êxtase, é, sobretudo, emocional, psicológico, sentimental, quando não místico.

Faça-se uma comparação com os Artesãos, por exemplo. Ou entre Apolo e Dionísio (SP), discussão que sempre atraiu muitos intelectuais. Estes priorizam a excitação e o movimento (comportamento exteriorizado), enquanto os Idealistas primam pelo entusiasmo: atitude (portanto, internalizada). Os Artesãos acreditam em seus impulsos e os Idealistas, na intuição. Aqueles apreciam o impacto que provocam nos outros e estes, o romance com os outros, entendendo-se a palavra romance em sentido amplo (um professor NF, mais que instruir e formar, mantém um "romance" com seus pupilos). Os Idealistas valorizam a identidade em detrimento da estimulação, o reconhecimento no lugar da generosidade e a sabedoria em vez de virtuosismo.

Também em relação ao outro grupo de intuitivos (os Racionais NT), há diferenças expressivas. Enquanto os NT confiam no poder da razão, os Idealistas preferem acreditar mais na intuição. A lógica dos Racionais é aceitável para algumas situações ou conclusões, bem como a autoridade, própria dos tipos SJ. Contudo, para se convencerem, os NF esperam que a intuição lhes mostre o caminho.

Keirsey (NT) considera que os Racionais são sábios ao prestar atenção em como os valores dos Idealistas diferem dos deles e aconselha baixar a guarda, porque os Idealistas valorizam o que os NT fazem. "Assim, poderemos entender por que eles parecem menos calmos ou menos autoritários do que nós, ou menos racionais ou menos impulsivos do que o esperado."

É possível que essa confiança na intuição (e isso vale para as primeiras impressões sobre as pessoas) esteja diretamente relacionada com a incrível habilidade que os Idealistas têm de pôr-se no lugar dos outros, de absorver suas emoções e entender seus desejos. Esta habilidade de introjeção lhes confere a crença (certa ou errada) de que têm *insights* precisos sobre as outras pessoas, que "sabem" o que vai no coração ou na cabeça delas.

Apaixonados pelo amor

Talvez por terem mais fácil acesso ao território das emoções, Idealistas (especialmente os sentimentais introvertidos) são, também, os tipos mais intensos. Seu entusiasmo é, com freqüência, contagiante, tornando-se, facilmente, pessoas que inspiram os que vivem à sua volta.

Diferentemente dos SP (companheiros do prazer, em amplo sentido), dos SJ e dos NT (que se ligam a parceiros que tenham os mesmos interesses), os NF buscam relacionamentos profundos, belos, poéticos, com amplo espaço para a sensibilidade e sua expressão. Dos quatro temperamentos, os Idealistas são os que amam incondicionalmente, porque amam sobretudo o amor. O poeta alemão Goethe expressou bem essa disposição.

Por essas e outras características, já citadas, não é absurdo supor que os NF sejam os únicos capazes de entrar, inúmeras vezes, em "estado nascente", uma expressão criada pelo sociólogo italiano Francesco Alberoni.[3] O estado nascente é um momento de redefinição da vida, em que a mudança se torna uma questão de sobrevivência, pois o habitual, o conhecido, o experimentado, se tornou desinteressante (foi esvaziado de seu caráter motivador) e um NF não consegue viver sem que haja uma motivação superior.

O desejo contínuo de atualização amorosa pode encaminhar o Idealista para uma causa política ou social. Exemplos fictícios são Dom Quixote, Frodo (do livro e filme *O senhor dos anéis*) e Harry Potter. Exemplos reais foram Gandhi, Wladimir Lenin, Ernesto Che Guevara e Mikhail Gorbachev. Ou, ainda, Rudolf Steiner, Maria Montessori e Paulo Freire (educadores), Patrícia Galvão (Pagu), jornalista, e Claudio Villas Boas (mentor dos índios). A causa pode também ser patriótica ou religiosa: Joana D'Arc queria libertar a França; Chico Xavier desejava trabalhar pelo conforto espiritual da humanidade e Dom Hélder Câmara, profetizar e defender os humildes e necessitados.

O Brasil forneceu dois exemplos ímpares desse amor com causa, em mais de um sentido: o amor pelo amado e o amor pela ideologia. Está representado pelos casais Olga Benário e Luiz Carlos Prestes, Giuseppe e Anita Garibaldi. Garibaldi foi o símbolo do nacionalismo popular do século dezenove e um dos principais protagonistas da campanha pela unificação italiana. Viveu no Brasil entre 1835 e 1842, quando participou da Guerra dos Farrapos, ao lado dos republicanos gaúchos. Foi nessa época que conheceu Ana Maria Ribeiro da Silva, a Anita.

Os exemplos citados possibilitam identificar as duas faces dos NF, em um tempo doces e apaixonados e, em outro, irados, como Dom-Quixotes lutando contra moinhos de vento. O pensador italiano Norberto Bobbio assim se reconhecia. Embora em seu último escrito[4] tenha elogiado a serenidade, "uma virtude não política", admitiu que admirava quem a possuía, porque ele dela carecia. Declarou-se o contrário, porque em determinadas situações era acometido por violentos acessos de fúria.

"Coléricos" foi a expressão utilizada por Galeno para definir as pessoas com temperamento que, hoje, denominamos Idealista ou NF. É sabido que o grande médico do início da Idade Média estabeleceu sua teoria dos quatro temperamentos (sangüíneo, melancólico, colérico e fleumático), atendo-se principalmente aos aspectos "negativos" das pessoas. A leitura das biografias de personalidades NF, que viveram ao longo dos séculos, bem como a observação diária desses tipos em ação, permite concluir que quando seus ideais ou princípios forem violados, ou quando reconhecem qualquer forma de injustiça, os NF poderão responder de forma furiosa.

Eles são entusiastas na defesa de suas próprias crenças e valores, bem como de seus sentimentos mais profundos. Muitas vezes, o fogo do entusiasmo se transforma em ansiedade e poderá desencadear uma patologia. Poetas como Sylvia Plath (norte-americana), Ana Cristina César (brasileira) e Mário de Sá Carneiro (português), que se suicidaram, foram exemplos expressivos do que pode provocar o sentimento exaltado que não encontra ressonância. Foram dominados pela angústia, "doença" que pode acometer todo ser humano, mas é muito mais poderosa quando ataca um NF, principalmente os NF introvertidos (pessoas com acesso fácil a seus sentimentos mais esconsos). Geralmente, buscam com maior intensidade o autoconhecimento, a auto-realização e a integridade do *self*, condições difíceis de alcançar em um mundo extremamente materialista.

Essas dificuldades foram muito bem traduzidas pelo poeta árabe Gibran Kahlil Gibran: "Sou estrangeiro e não existe ninguém que saiba, ao menos, uma palavra na língua de minha alma. Sou estrangeiro e assim continuarei até que a morte me transporte à minha pátria".

Esse desconforto dos NF, vivendo em um mundo não alinhado com as aspirações de suas almas, também foi eximiamente capturado e transmitido no papel pelo escritor alemão Thomas Mann. Ele afirmou que "a beleza é a única forma espiritual que podemos suportar sensualmente. O que seria de nós se o divino, a virtude e a verdade quisessem apresentar-se-nos sensualmente? Pereceríamos... Assim, a beleza é o caminho do homem sensível ao espírito".[5] Mann evidencia em suas obras dilemas muito típicos dos NF e, particularmente, dos NF introvertidos: a inaptidão para relacionar-se com a realidade externa, especialmente a trivialidade e a feiúra (é preciso lembrar que a estética é a outra face da ética), o instinto coibido pelo espírito e o desejo de integridade.

Ética, o bom combate

As aspirações dos Idealistas, vale repetir, são de natureza ética (a propósito, Ético foi a denominação que o filósofo Aristóteles deu a este temperamento). Os NF são pouco afeitos às seduções materiais. Por serem intuitivos, sabem ou pressentem que existe algo muito superior que deve ser buscado: o supremo bem, como dizia Gandhi aos indianos.

Esta definição do filósofo Bertrand Russell nos parece bastante adequada para compreender a forma peculiar de os tipos NF encararem sua presença no mundo. Os ideais, segundo Russell, "são desejados por aqueles que neles acreditam. Mas não são desejados do mesmo modo por todos, como se deseja, por exemplo, o conforto, o alimento, a habitação. A diferença entre um ideal e um objeto comum de desejo consiste em que o primeiro é impessoal; é algo que não tem (ao menos ostensivamente) relação especial com o ego daquele que sente tal desejo, podendo, portanto, teoricamente ser desejado por todos".

Assim, completa Russell, "podemos definir o ideal não como uma coisa que se deseja egocentricamente, mas como algo que a pessoa que sente quer, também, que todos experimentem. Posso desejar que todos tenham o suficiente para comer, que todos tenham amor ao próximo etc. e, desejando tal coisa, desejaria que os outros desejassem. Deste modo, posso construir algo que se pareça a uma ética impessoal embora, na realidade, isso se baseie em meus próprios desejos – pois o desejo permaneceu meu, mesmo quando o que é desejado não tenha referência a mim. Alguém pode desejar, por exemplo, que todos compreendam a ciência; uma outra pessoa, que todos apreciem a arte: é a diferença pessoal entre ambos que produz essa diferença em seus desejos"[6].

Resumindo o pensamento de Russell, pode-se afirmar que o desejo dos Idealistas é o desejo do melhor (segundo seu ponto de vista) para todos, ou seja, altruísmo, algo muito diferente do egoísmo, como no caso de um artista que quer que **sua** arte seja reconhecida e não **toda** a arte produzida pela humanidade.

Esse é um ponto de suma importância para entender o temperamento de um Idealista. É a crença em valores superiores que alimenta e dá significado à sua existência e, portanto, não é de estranhar que tipos NF sejam, com freqüência, religiosos ou místicos. O alemão Adickes os denominou dogmáticos, seres autônomos, focados no eu profundo, e normalmente inclinados a abraçar doutrinas que, eles acreditam, são de grande valor para a humanidade.

Cooperadores abstratos

Os casos citados até aqui são excepcionais. Representam os Idealistas que fizeram a História. A maior parte dos NF vive e trabalha de "forma prosaica" e discretamente. São professores, escritores, poetas, dramaturgos, atores, músicos, terapeutas, psicólogos, filósofos, psiquiatras, diplomatas, promotores (advogados). Quase sempre, apresentam personalidade marcante – como observou Isabel Myers, ela própria uma NF –, pois têm imaginação, são criativos, entusiasmados, humanos, religiosos e, principalmente, misericordiosos. Keirsey identificou na compaixão o principal sentimento dos NF.

Este pesquisador denominou-os cooperadores abstratos (um complemento dos SJ que são cooperadores concretos, porque voltados para aspectos materiais). "Abstrato", escreveu Keirsey, "diz respeito a coisas que não podem ser observadas, só imaginadas. Idealistas comentam pouco as coisas corriqueiras, como navios, repolhos e reis. Eles preferem falar do que pode ser visto pelos olhos da mente: amor e ódio, céu e inferno, comédia e tragédia, coração e alma, contos de fadas e lendas, eras, épocas, crenças, fantasias, possibilidades, símbolos e, é claro, temperamento, caráter e personalidade."

Para conhecer a si mesmo e conhecer os outros, duas inteligências são necessárias: interpessoal e intrapessoal. Para comunicar esse conhecimento e estabelecer relacionamentos, a inteligência lingüística. Keirsey denominou esse conjunto de inteligências diplomáticas. Diplomacia, segundo entende, é lidar com as pessoas de forma hábil, com muito tato (inteligência interpessoal). Os NF nasceram para usar sua empatia natural (inteligência intrapessoal), as habilidades interpessoais e a inteligência lingüística apurada para promover a harmonia entre os povos e as pessoas, ensinar, escrever, fazer versos, interpretar personagens e consolar.

Papéis marcantes e característicos

Pessoas NF podem desempenhar diferentes e os mesmos papéis. Isso significa que, contrariamente aos SP e aos SJ – em que as funções pensamento (T) e sentimento (F) têm papel preponderante para a formação e o desenvolvimento do temperamento e da personalidade –, nos NF isso não acontece. Eles são sentimentais, ou seja, norteiam-se sempre por valores, ainda que exercitem paralelamente o raciocínio lógico. Este, porém, é um complemento da razão (é importante relembrar que o neurocientista António Damásio defende que a razão, para ser completa, tem de incluir a emoção) e não um determinante de suas ações.

Em cinco décadas de trabalho, Keirsey identificou dois grupos principais de NF. Os julgadores (J) foram denominados **mentores**, tipos voltados para o desenvolvimento das pessoas, que assumem funções na área de Educação, como *professores* e *conselheiros* (psicólogos, pedagogos, orientadores educacionais, padres e freiras etc.), e, também, nas empresas, principalmente na área de gestão e desenvolvimento de pessoas.

O outro grupo é representado pelos **advogados**. O termo "advogado" deve ser entendido como mediador, intermediário, embaixador, pessoa que assume e defende as causas de terceiros (por exemplo: diplomatas, promotores e advogados de defesa). A intermediação também apresenta um caráter psicológico e espiritual; neste caso, os advogados são chamados "curadores", ou *healers*. Podem ser identificados com os terapeutas ortodoxos, como os psicólogos e psicanalistas, e também com os alternativos: gurus, xamãs, profetas e místicos. Tanto os advogados como os curadores poderão ser atores, músicos, poetas, dramaturgos e escritores de grande sensibilidade.

O que distingue o primeiro grupo (professores e conselheiros) do segundo (*champions* e curadores) é o modo como se relacionam com o mundo externo: aqueles preferem o julgamento (J), enquanto estes têm uma atitude perceptiva (P). Naqueles, a função sentimento é mais notável, enquanto nestes sobressai a intuição.

Como **professores e conselheiros** (ENFJ/INFJ), conquistam facilmente a confiança dos alunos e orientandos, mesmo dos mais rebeldes, a exemplo do que aconteceu com Makarenko, o grande pedagogo russo que conseguiu reeducar meninos de rua, no começo do século vinte. Quando são professores de adultos, tornam-se líderes naturalmente, como o cinema mostrou em *Sociedade dos poetas mortos*. Eles se valorizam, na medida em que são apreciados (de todos os tipos, os NF são os que mais buscam o reconhecimento de sua personalidade singular) e apreciados por sua benevolência e autenticidade.

Isabel Myers observou que os INFJ são mais argutos para perceber o desacerto entre suas aspirações e as dos grupos com que trabalham, e procuram "ganhar (em vez de exigir) aceitação de seus propósitos". Quando conseguem, é porque "muito naturalmente já ajustaram o objetivo aos padrões da comunidade". José de Anchieta, catequista de índios brasileiros, foi um bom exemplo desta descrição de Myers.

Tomamos do inglês a palavra *mentoring* para melhor entender o papel dos NFJ, no mundo de hoje. *Mentoring* significa trabalhar para ampliar a mente de outras pessoas. Uma pessoa NFJ, seja no ensino, em orientação educacional ou profissional, em terapia ou aconselhamento, é sempre muito entusiasmada e inspiradora. Tem paixão pelo que faz e espera transferir essa paixão para aqueles que buscam sua orientação. O mundo da fantasia tem um personagem que expressa bem essa disposição: o ratinho Timóteo, mentor do elefante Dumbo.

Keirsey faz uma observação interessante sobre a natureza dos NFJ: "Não se trata de lavagem cerebral ou controle da mente. Mentores são preponderantemente éticos e benevolentes, sensíveis às necessidades alheias e empenhados em prover o melhor".

Em resumo, os NFJ trabalham para desenvolver o potencial humano em duas diferentes áreas, dependendo da atitude E (extroversão) ou I (introversão). Os primeiros, quase sempre, se encaminham para o magistério (aqui entendido em seu sentido mais profundo, de formadores, e não somente de transmissores de conhecimento), e os introvertidos para *mentoring* (orientação, aconselhamento).

Foram notáveis como "professores" Mahatma Gandhi (libertador da Índia), Nelson Mandela (líder negro que lutou contra o *apartheid* na África do Sul) e Gabriela Mistral, mestra e poeta chilena (assim como seu conterrâneo, Pablo Neruda), enquanto entre os conselheiros ou mentores sobressaíram, desde tempos imemoriais, Lao-tsé, Buda, Maomé, Martinho Lutero, Khalil Gibran, Chico Xavier, Sai Baba e Claudio Villas Boas, entre outros.

Os INFJ costumam ser poetas muito inspirados, dotados de inteligência lingüística sofisticada. Teresa D'Ávila, Rudyard Kipling, T. S. Eliot, Fernando Pessoa e Cruz e Sousa foram alguns, dentre muitos bardos sentimentais, que marcaram indelevelmente a arte poética.

No grupo dos **advogados**, encontra-se uma vasta gama de profissionais. Isabel Myers considerava os ENFP os mais versáteis dos dezesseis tipos, seguidos pelos INFP, porque tanto podem destacar-se em humanidades como nas ciências exatas, na literatura e nas artes, especialmente na dramaturgia e no teatro. Keirsey denomina os ENFP *champions*, uma palavra intraduzível em português, a não ser para quem conhece bem História. *Champion* designava o campeão do rei (Idade Média), pessoa que substituía um soberano durante uma batalha. Por extensão, *champion* é aquele que luta em lugar de outro. São os "compradores de causas alheias".

O papel desses advogados consiste em dar voz à ideologia, à crença e às aspirações dos outros.

Os ENFP são pessoas que consideram todos os humanos seus irmãos e seus patrícios. "Sou um homem do mundo", dizia Sérgio Vieira de Mello, que afirmava ser de menor importância o fato de ter nascido no Brasil, feito seus estudos na França e trabalhado em inúmeros países. Vieira de Mello se assemelhou, em alguns aspectos, ao poeta inglês Byron, que lutou pela independência da Grécia.

Particularmente importante, na segunda metade do século vinte, foi a luta das irmãs Mirabal, da República Dominicana, cuja morte serviu para pôr fim a uma das mais sangrentas ditaduras da História, a do general Trujillo. Na Espanha, décadas antes, o exemplo maior foi Federico García Lorca, o poeta e dramaturgo opositor do regime de Francisco Franco, cuja morte significou o início do declínio do fascismo naquele país.

Personalidades ENFP muito atuantes, que se entregaram a causas humanitárias sem precisar pagar com a vida por seu idealismo, como aconteceu com as anteriormente citadas, foram também grandes jornalistas e escritores. Na França do século dezenove sobressaíram Émile Zola (Caso Dreyfus) e George Sand (que fundou o jornal *La Cause du Peuple*, a Causa do Povo). No Brasil Colônia, os inconfidentes Claudio Manoel da Costa e Tomás Antônio Gonzaga entraram para a História como poetas idealistas, enquanto Castro Alves deu "voz", por meio de seus versos, aos que lutavam contra a escravidão dos negros.

Os advogados introvertidos (INFP), que Keirsey denomina *healers* e, na falta de melhor vocábulo, podem ser chamados curadores da alma, buscam a harmonia íntima e a conciliação, com o objetivo de preservar a integridade das pessoas. Além de trabalhar como psicólogos, psicanalistas e psiquiatras, são mensageiros espirituais muito expressivos, tanto quanto os INFJ (estes, segundo Keirsey, são os que apresentam maiores dons no campo da percepção extra-sensorial).

Uma das maiores personalidades INFP, do século passado, foi o filósofo, médico, missionário, organista e musicólogo Albert Schweitzer. Nascido na Alsácia (França) em 1875 e falecido no Gabão, em 1965, decidiu estudar Medicina para ajudar a raça negra. Fundou um hospital em Lambarène, África, onde mais que médico foi um apóstolo, a ponto de ter sido distinguido com o Prêmio Nobel da Paz, em 1952. Seu interesse pela vida espiritual levou-o a estudar o papel das religiões no mundo, a vida de Jesus e de Paulo de Tarso, além de filosofias hindus, o pensamento de Goethe e os problemas de ética engendrados pela civilização.

Healers também sobressaem como atores de teatro, dramaturgos e escritores. Exemplos claros foram Clarice Lispector, Machado de Assis e Herman Hesse, só para citar três notáveis escritores que se dedicaram à literatura de cunho psicológico. Os estilos podem diferir, adquirindo um tom lírico em alguns momentos e amargo e irônico, quando não cáustico, em outros. Mas em todos os citados nota-se uma extraordinária competência para entender a alma humana. Clarice Lispector dizia que poderia descrever o íntimo de uma galinha ou de outro bicho qualquer. Mas evitava tocar neste e em outros assuntos, pois sabia que a maior parte das pessoas não compreenderia.

Artes como a música e a pintura costumam atrair muitos INFP. Foram especialmente notáveis na música Wagner e Schubert; na pintura, destacaram-se Rembrandt e El Greco.

Pessoas de tipologia INFP são também as que mais aspiram encontrar amores perfeitos e íntegros, um desvario ou uma esquisitice, segundo entendem aqueles para quem é difícil apreender a "natureza" dos INFP. Em geral, preferem o amor idealizado, alimentado de sonhos, poemas e símbolos, ao amor carnal e trivial que satisfaz a maior parte da humanidade.

Costumam ser suaves e falar com calma e doçura. Mas, por baixo do semblante tranqüilo que exibem, são pessoas inquietas e vigilantes em relação a princípios e valores. Que ninguém invada este território ou tente violá-lo. Quase sempre, diante de situações dessa natureza, poderão reagir (para surpresa de quem pensa conhecê-los bem) de forma irada e até mesmo violenta. A cólera dos NF, citada por Galeno, aplica-se particularmente aos INFP.

Coléricos eram também os gêmeos Apolo e Ártemis, embora aquele fosse tido como exemplo de equilíbrio e temperança, na cultura grega. Mas em seu mitologema são citadas as vinganças que perpetrou contra Mársias (seu adversário em um concurso de música) e contra suas amantes, Cassandra e Corônis (esta, mãe de seu filho Asclépio, o pai da Medicina). Esse gênero de cólera está muito bem expresso no personagem Tom

Joad do romance *As vinhas da ira*, de John Steinbeck, representado no cinema por Henry Fonda. Este personagem permite compreender, também, a cólera de Ernesto Che Guevara e de Glória Steinem, esta a principal líder do movimento feminista, além de notável jornalista e editora.

NOTAS

1. *Poderá parecer um disparate, para quem conhece mitologia, relacionar os românticos NF à deusa Afrodite (Vênus). Devemos esclarecer que, antes que a religião monoteísta e institucionalizada destronasse Afrodite e lhe conferisse o papel de hetaira, era uma divindade muito respeitada na Grécia antiga. Costumava ser invocada pelas mulheres para ajudá-las a produzir magia e arte na união carnal com seus maridos e amantes (bem diferente da sexualidade dionisíaca, mais naturalista e, às vezes, desvairada). Depois que o patriarcado se estabeleceu na maioria das culturas, o poder de Afrodite foi deslocado para seu filho, Eros (de onde deriva o termo "erótico"), e com ele permanece até hoje. É preciso destacar, também, que o erotismo de Afrodite é muito diverso do de Eros, pois a deusa apresenta um ponto de contato com Héstia, que tem na piedade sua maior qualidade, e ambas prezam o respeito e a integridade. Afrodite foi chamada pelos psicólogos da linha arquetípica "deusa alquímica", porque no encontro sexual presidido por ela dois se transformam em apenas um.*
2. *Ver Bibliografia.*
3. *Francesco Alberoni refere-se ao estado nascente em duas obras:* O erotismo *e* Enamoramento e amor. *Ver Bibliografia.*
4. *O último texto produzido por Bobbio foi* O elogio da serenidade.
5. *Extraído de* Morte em Veneza. *Ver Bibliografia.*
6. *Extraído de* História da filosofia ocidental. *Ver Bibliografia.*

IDEALISTAS

MEMÓRIA – ENFJ (Professor)

Dom Hélder Câmara, profeta do Brasil

"Dom Hélder Câmara é o maior profeta do Terceiro Mundo, diria, de toda a Igreja Universal. O profeta é o homem da palavra que denuncia, que anuncia, que consola, que constrói o horizonte utópico sem o qual ninguém nem a sociedade pode viver. A palavra profeta nasce da escuta de outra palavra, a divina, que queima na consciência, que grita da boca dos pobres e que ecoa suavemente no universo. É na escuta desta última palavra, a do universo, que o profeta se transforma em poeta. Dom Hélder mostra um *esprit de finesse* sutil com a natureza como se revela em seus poemas e nos seus textos."

Estas considerações, escritas pelo teólogo Leonardo Boff para o livro *Helder, o Dom*, organizado por Zildo Rocha (ver Bibliografia), é um resumo perfeito das características mais marcantes dos tipos NF. No caso de Dom Hélder, de um ENFJ (sentimental extrovertido com intuição introvertida), líder de pessoas que ele, de fato, foi não apenas no Brasil como também em outros países, onde teve oportunidade de levar a sua palavra eloqüente e entusiasmada, nunca amarga, sempre compreensiva e, principalmente, poética e mística.

Em seus 90 anos de vida (nasceu em Fortaleza em 1909 e faleceu em Olinda em 1999), com suas ações conscientes e corajosas, conseguiu transformar-se em celebridade mundial. Conviveu harmoniosamente com quatro papas: Pio XII, João XXIII, Paulo VI e João Paulo II (João Paulo I teve papado curto). No Brasil, sua liderança foi reconhecida pelos governos civis e militares (principalmente do governo de Castello Branco), a ponto de Juscelino Kubitschek convidá-lo para ministro. "Já sou ministro de Deus" foi a resposta de Dom Hélder, a quem o poder e a política não seduziam. Preferia trabalhar para ampliar a consciência mundial, e não só a do clero, sobre o respeito à dignidade humana, a fraternidade, a liberdade e o direito de evoluir.

Alguns o rotulavam de utópico. E ele respondia: "Nunca se deve temer a utopia. Agrada-me dizer e repetir: quando se sonha só, é um simples sonho; quando muitos sonham o mesmo sonho, é já a realidade. A utopia partilhada é a mola da história".

De baixa estatura, gestos largos, voz serena e fala enfática, atuou como professor e mentor de grande parte dos bispos brasileiros. Aliás, foi por sua iniciativa e sugestão que se criou no país a Conferência dos Bispos do Brasil. Dom Hélder teria, igualmente, influência durante a realização do Concílio Vaticano II. Os historiadores José Oscar Beozzo e Luiz Carlos Marques destacam, no livro citado, "o dinamismo da ação de Dom Hélder nos bastidores". Ele ansiava que a Igreja tomasse novos rumos, instituísse novos paradigmas que contemplassem mais de perto os ideais de igualdade, justiça e liberdade.

Ivone Gebara, doutora em Filosofia pela PUC de São Paulo, poeticamente, escreveu sobre Dom Hélder como se o interpelasse: "A quem vieste florir no deserto nordestino, onde o sol castiga e ao mesmo tempo faz nascer o verde? Que 'guarda da aurora' esteve rezando por nós e entre nós, antes mesmo que o sol surgisse? Que voz vieste ouvir? Voz de poeta? De profeta? De sábio, de aprendiz dos pobres, de amante da vida?". (Citado em *Hélder, o Dom*)

Uma resposta às inquirições de Gebara pode ser a de Dom Paulo Evaristo Arns, que foi cardeal de São Paulo e considerava Dom Hélder "um grande místico e um apóstolo para todas as situações difíceis". E, da geração dele, "além de irmão, ainda foi mestre e amigo fiel", conforme disse em documentário exibido pela TV Cultura de São Paulo, que também consta do livro de Zildo Rocha.

Conquistou amigos e admiradores dentro e fora dos ambientes eclesiásticos. No país e no exterior. Era convidado para palestras, que arrebatavam o público, por seu entusiasmo, idéias claras e plenas de amor ao próximo. Começou a chamar demasiada atenção e a ganhar amplos espaços na mídia. Dizem que isso aborreceu o Vaticano. Como se diz

Líderes catalisadores de grupos, os Professores (ENFJ) são muito expressivos e motivadores. Focados nos ideais, não medem esforços para que cada componente consiga dar o melhor de si. Correspondem a apenas 3% da população mundial.

na gíria, conta-se que Dom Hélder foi advertido para "baixar o facho". Seu farol incomodava.

No Brasil, em plena ditadura, seus discursos e ações em favor dos excluídos também chamaram a atenção do governo. A mídia foi proibida de falar bem de Dom Hélder. Suas iniciativas, como a Ação Católica, no Rio de Janeiro, em que mulheres da sociedade local se engajaram, não chegaram ao conhecimento do público. Rotulado de "bispo vermelho", uma alusão ao demônio representado pelo comunismo, passou a ser visto pelas classes dominantes com maus olhos. Contudo, embora impedido de falar no Brasil, Dom Hélder não teve receio de denunciar para milhares de pessoas, no *Palais de Sports*, em Paris, a tortura contra brasileiros.

Mundialmente reconhecido, por intermédio de catorze prêmios internacionais (entre 1970 e 1976), seu nome destacou-se como candidato ao Prêmio Nobel da Paz. A vitória era tida como certa. "Mas a ditadura militar se opôs", relatou Dom Marcelo Carvalheira, um dos mais importantes auxiliares de Dom Hélder, à frente da arquidiocese de Olinda e Recife. Dom Marcelo conta no livro *Hélder, o Dom* que a oposição do governo aconteceu "pela via diplomática", impedindo que "um filho do Brasil, verdadeiro patriota, recebesse essa honorificência reservada a poucos – aos poucos que, no mundo, lutam denodadamente pela justiça e pela paz".

Seu último trabalho, já perto dos 90 anos, foi a campanha "Ano Dois Mil Sem Miséria", condição que denominava como um insulto ao Criador e ao Pai. Morreu antes de ver este sonho realizado. Assim como não se realizou sua ascensão ao cardinalato, que merecia. Este fato, contudo, não o aborreceu. Não tinha afeição por cargos. Preferia, aliás, ser chamado de padre Hélder, um tratamento mais de acordo com as camadas simples e mais pobres da população por quem trabalhou a vida toda.

IDEALISTAS

MEMÓRIA – INFJ (Conselheiro)

CHICO XAVIER,
MENSAGEIRO DOS ESPÍRITOS

Paris, 1857. O pedagogo Leon Denizard Hypollite Rivaïl lança, com o pseudônimo de Allan Kardec, *O livro dos espíritos*. Começava aí um movimento que atingiria grande parte da Europa e também dos Estados Unidos, em torno da comunicação com os espíritos, que traziam notícias sobre a vida após a morte.

Brasil, 1914. Um menino de 4 anos, residente na pequena Pedro Leopoldo, Minas Gerais, começa a ouvir vozes e a ver sombras. Seu nome: Francisco Cândido Xavier. O pai se preocupa. A oração, ensina ele ao filho, é o melhor remédio para afastar essas manifestações. Elas, porém, não cessam. Aos 5 anos, conversa com a mãe, falecida. A família e os vizinhos o olham com estranheza.

Apesar disso, a vida é normal. Vai à escola. Brinca com outros garotos. Mas, à noite, chora. De temperamento doce, reparte sua refeição com os irmãos. A família é pobre. Também se enternece com os animais feridos, de que cuida com desvelo. Ele cresce e a mediunidade, de que era portador, se torna cada vez mais vívida.

Começa a psicografar. Seu mentor se apresenta. É Emmanuel, que teria sido um senador romano, Publius Lentulus, na época de Cristo, e o padre Manoel da Nóbrega, à época do descobrimento do Brasil. Pergunta-lhe se está disposto a servir a Jesus por intermédio do dom da mediunidade. Resposta do rapaz: "O senhor acha que estou em condições de aceitar o compromisso?"

"Sim", diz o mentor. Desde que respeitasse três pontos básicos. "Quais?", pergunta de novo o jovem. "Disciplina, disciplina e disciplina." Firma-se o compromisso. Até o dia de sua morte, em 30 de junho de 2002, Chico Xavier receberia pontualmente de Emmanuel belas e profundas mensagens, e também livros, versando sobre filosofia e comportamento cristãos.

Emmanuel não teve exclusividade. Outros mentores valeram-se da mão do médium para enviar mensagens à Terra. Entre eles André Luiz, autor de obras de caráter científico, como *Evolução em dois mundos* e *Mecanismos da mediunidade*. Dizia ter sido médico mas era notável como repórter, ao discorrer sobre a vida em outras esferas do universo.

Se, ao longo dos anos, a população brasileira e de outros países se acostumou com as obras trazidas por Chico, no início não foi bem assim. Não era para menos: como encarar, sem estupefação, um livro de 398 páginas, só de poemas de autores brasileiros e portugueses desencarnados? Ainda mais que o médium tinha apenas 22 anos e cursara somente até a quarta série do antigo primário!

A obra denomina-se *Parnaso de além-túmulo* e contém centenas de poesias de autores como Olavo Bilac, Fagundes Varella, Guerra Junqueiro, Cruz e Sousa, Casimiro de Abreu, Castro Alves, Augusto dos Anjos, Antero de Quental – só para citar um punhado deles.

Alvoroço nas rodas literárias. Até na Academia se fala de Chico. Humberto de Campos escreve uma crônica ("Poetas do outro mundo"), publicada no *Diário Carioca* em 10 de julho de 1932. Entre outras observações, diz o jornalista: "Eu faltaria ao dever que me é imposto pela consciência se não confessasse que, fazendo versos pela pena do Sr. Francisco Cândido Xavier, os poetas de que ele é intérprete apresentam as mesmas características de inspiração e de expressão que os identificavam no planeta".

Castro Alves continuava condoreiro. "Há mistérios peregrinos/No mistério dos destinos/Que nos mandam renascer:/ Da luz do Criador nascemos,/Múltiplas vidas vivemos,/Para a mesma luz volver." Augusto dos Anjos exortava os homens: "Tua vontade esclarecida e forte/ Triunfará das angústias e da morte/Além dos planos tristes da matéria/ Mas a tua vontade enfraquecida/ É a meretriz no báratro da Vida/Amarrada no catre da miséria".

A celeuma se espalhou pelo país. Como um rapaz de poucas letras poderia ter produzido tantos versos de autores tão distintos? Opiniões e comentários saíam diariamente na imprensa. Da Academia Brasileira

Os Conselheiros (INFJ) sempre encontram razões para ajudar e apoiar os outros e o fazem com desprendimento e alegria. Difíceis de compreender em sua inteireza, porque diferem da maioria. Menos de 1% da população mundial é INFJ.

de Letras, o poeta Menotti Del Picchia encerrou o assunto: "Deve haver algo de divindade no fenômeno Francisco Cândido Xavier, o qual vale sozinho por toda uma literatura. O milagre de ressuscitar espiritualmente os mortos pela vivência psicográfica de inéditos poemas é prodígio que somente pode acontecer na faixa do sobre-humano. Um psicofisiologista veria nele um monstruoso computador de almas e de estilos. O computador, porém, memoriza apenas o já feito. A fria mecânica não possui o dom criativo. Este dimana de Deus".

Monteiro Lobato chegou a propor que ele entrasse para a Academia. Chico Xavier apenas sorria. Sempre disse ser apenas um cisco. Um servidor dos espíritos que queriam comunicar-se com o mundo dos vivos por seu intermédio. Alguns, muito cultos e evoluídos, desejavam ensinar. Outros, apenas enviar uma mensagem aos filhos, à esposa, aos pais, para amenizar a saudade e a dor da perda. Ao longo de quase oitenta anos de trabalho mediúnico, Chico psicografou 412 livros e muitos milhares de mensagens.

Nenhum escritor brasileiro escreveu tanto. E também vendeu muito. Somente a Federação Espírita Brasileira contabilizava, no início de 2004, mais de 15 milhões de exemplares vendidos. O dinheiro, porém, o médium jamais viu. Eis aí outro traço do trabalho missionário de Chico Xavier. Terminado um livro, os originais eram imediatamente entregues a uma instituição de benemerência (particularmente, a Federação Espírita Brasileira), para que a arrecadação fosse convertida em auxílio aos necessitados. Como escriturário, trabalhou no Ministério da Agricultura e viveu do salário que ganhava. Quando se aposentou, passou a viver da renda da aposentadoria.

Embora dissesse que sua missão era trabalhar para os espíritos, aos quais dedicava longa jornada diária, Chico conquistou os brasileiros pelo amor que transmitia. Amor com A maiúsculo. Sem distinguir ricos e pobres, poderosos e humildes. A todos tratava com respeito, carinho e caridade moral. Pertencia ao grupo dos INFJ (intuitivo introvertido com sentimento extrovertido), justamente o tipo mais aquinhoado, segundo Keirsey, com a capacidade da PES (Percepção Extra-Sensorial).

Mentor de excepcional sensibilidade, foi durante toda a vida o consolador dos aflitos, pessoas que o procuravam em busca de uma palavra de alento, uma notícia dos mortos queridos, um enterro digno para um morador de rua, um pedaço de pão. Introvertido, soube conservar a sua independência em relação ao mundo fácil das adulações, dos títulos, da glória, da política e do dinheiro. Mantinha seu centro de prece em Uberaba, em uma casa modesta que, nos fins de semana, recebia milhares de visitantes, procedentes de todo o Brasil e do exterior. Era constantemente procurado por políticos, mas a estes tratava do mesmo modo que aos pobres, como irmãos. O presidente Juscelino Kubitschek tinha pelo médium mineiro especial apreço. Ao chegar o tempo da aposentadoria de Chico, no Ministério da Agricultura, tornou público seu desejo de assinar o benefício.

Simples era, também, sua residência (hoje, transformada em museu), situada na mesma cidade. Confortável mas sem luxos. Ali recebia amigos e confrades, em torno de uma mesa farta mas de culinária caseira. Também durante décadas cuidou zelosamente da correspondência. Fazia questão de responder pessoalmente às centenas de cartas que lhe eram enviadas, todas as semanas. Para todos os destinatários, mensagens de coragem, fé e trabalho.

Ele próprio sempre trabalhou muito, apesar das doenças que lhe fizeram companhia desde cedo. Além do sofrimento físico, era vítima de sofrimento moral, decorrente dos ataques freqüentes dos incrédulos, especialmente de certo tipo de imprensa, que tentou denegri-lo e ridicularizá-lo. Para todos, sempre respondia com o perdão e a oração. Como disse Marcel Souto Maior, autor da obra *As vidas de Chico Xavier*, para seus admiradores Chico foi "um santo. Para os descrentes, no mínimo um personagem intrigante".

Sempre dizia que tinha pedido a Emmanuel para morrer em um dia feliz para os brasileiros, porque a felicidade os distrairia de seu falecimento. Desencarnou no dia em que o Brasil conquistava o pentacampeonato mundial de futebol. O povo estava demasiadamente feliz. Chico aproveitou e saiu da vida de mansinho.

Contudo, enganara-se quando pensara que o povo o ignoraria. Durante seu velório, que durou 48 horas, 120 mil pessoas foram despedir-se do "tio Chico", como o povo de Uberaba o chamava. Quem não pôde ir mandou flores (que ele amava tanto quanto aos animais). A mídia destacou o seu apostolado e o presidente Fernando Henrique Cardoso fez divulgar mensagem ressaltando a importância de Chico como líder espiritual para o país e para os pobres.

O menino de parca saúde e pouca fortuna, nascido na humilde Pedro Leopoldo, não supunha que chegasse a idade tão longeva. E muito menos imaginava que seu passamento causaria tão grande comoção no Brasil. Sempre dizia que era um Cisco. Ou um simples capim. Morria um, nascia outro. Os que o conheceram esperam ansiosamente por um novo Cisco.

Este desejo é particularmente forte entre o povo de Minas Gerais, que o elegeu o "Mineiro mais importante do século vinte". Em pesquisa realizada pela Rede Globo/Minas, via telefone e internet, Chico obteve 704.030 votos, ficando à frente de Santos Dumont, com 701.598 votos, Pelé (260.336 votos) e Herbert de Souza, o "Betinho" (259.051 votos).

IDEALISTAS

MEMÓRIA – ENFP (*CHAMPION*)

SÉRGIO VIEIRA DE MELLO, ADVOGADO DA PAZ

Se o século vinte foi "pobre" em matéria de heróis, o século vinte e um, no entanto, promete. O Brasil já deu sua contribuição, logo de início. Pena que, para isso, seu herói tenha perecido nas malhas irracionais do terrorismo. O nome dele era Sérgio Vieira de Mello, um carioca obrigado a estudar na França, por conta do exílio do pai, o diplomata Arnaldo Vieira de Mello, cassado pelo regime militar.

Sem jamais ter pertencido ao corpo diplomático do Itamaraty (era doutor em Filosofia e Ciências Sociais e Políticas pela Sorbonne), Sérgio revelou-se um dos mais notáveis profissionais dessa área. Fora nomeado, meses antes, Alto Comissário das Nações Unidas para Direitos Humanos (dizem que sob protesto de organizações não-governamentais, que o consideravam muito diplomático e conciliador), cargo que desempenhou por pouco tempo, pois lhe fora confiada uma missão mais nobre, no Iraque conflagrado. Aí faleceu, sob os escombros de um prédio, após a descarga de 700 quilos de explosivos debaixo da janela onde trabalhava. "Morreu um construtor de nações", escreveu o editorialista do *The New York Times*, no dia seguinte ao assassinato. Tinha apenas 55 anos de idade e um currículo que o credenciava ao posto de secretário-geral da Organização das Nações Unidas.

Dinâmico, cordial, culto, poliglota e, reconhecidamente, um homem firme e de nobres princípios, em três décadas de trabalho na ONU, participou e liderou importantes iniciativas. Serviu em Bangladesh, em 1971, logo após a independência; no Sudão e no Chipre (depois da guerra); no Peru, no Líbano, na Bósnia, no Camboja e no Congo. Atuou como coordenador humanitário em Ruanda (1966) e como representante especial da ONU em Kosovo (1999). Sua maior realização, no entanto, está relacionada à atuação que tornou possível a independência do Timor Leste, país que vivia sob o domínio da Indonésia. Assumiu interinamente a presidência do país até que a população pudesse eleger o novo presidente.

Apesar disso, Sérgio era quase um desconhecido. Inclusive em seu próprio país. Richard Holbrooke, que foi embaixador dos Estados Unidos (governo Clinton) comentou este aspecto em artigo publicado no jornal *The Washington Post*. Disse Holbrooke: "Agora que os americanos aprendem – tarde demais – sobre este grande homem, espero que eles reconheçam que fazia parte de um vasto exército de pessoal civil da ONU, servindo em condições freqüentemente infernais ao redor do mundo. É claro que nem todos são tão bons quanto Sérgio Vieira de Mello".

Do grupo dos ENFP (intuitivo extrovertido com sentimento introvertido), ou *champion*, como quer Keirsey, Sérgio foi campeão no amplo sentido do termo. Campeão em causas humanitárias, advogado dos que clamavam por justiça, porta-voz dos que não podiam gritar por seus direitos. "Diplomata habilidoso e negociador nato", assim o definiram algumas das maiores autoridades mundiais. Seu charme natural irradiava. Era o carisma próprio do temperamento dos tipos NF, que não precisam da palavra para persuadir (embora tenham inteligência lingüística acentuada); bastam o seu exemplo de respeito à vida e amor ao próximo, o tratamento afável e respeitoso.

Sérgio foi notável também nos bastidores. Ético, jamais lançou mão de estratégias menos dignas, como ataques ou denúncias pela imprensa. Dotado de grande inteligência interpessoal, soube usar este dom para promover o diálogo entre grupos opostos. Idealista até na hora da morte, Sérgio Vieira de Mello, soterrado, pediu ajuda, pelo celular, para seus companheiros de trabalho. O socorro veio e salvou muitas vidas. Não foi possível salvar a dele. Morreu como morreram muitos NF ao longo da história do homem sobre a Terra: imolado sob a bandeira das causas que defendeu.

Quase sempre, os Champions *(ENFP) são uma fonte de motivação para os outros, sejam familiares, alunos ou colegas de trabalho. Cativantes e amigáveis, consideram a vida um drama excitante. Correspondem a 3% da população.*

IDEALISTAS

MEMÓRIA – INFP (*Healer*)

Clarice Lispector,
antena da alma

"Sou uma pessoa que tem um coração que por vezes percebe, sou uma pessoa que pretendeu pôr em palavras um mundo ininteligível e um mundo impalpável. Sobretudo, uma pessoa cujo coração bate de alegria levíssima quando consegue em uma frase dizer alguma coisa sobre a vida humana ou animal." Para quem se contenta com pouco, eis aí um "retrato" da escritora Clarice Lispector, segundo suas próprias palavras, citadas na obra *Clarice, uma vida que se conta*, de Nádia Battella Gotlib.

Arredia a entrevistas – como todo sentimental intuitivo introvertido –, tinha enorme senso de território e sentia-se invadida com a curiosidade alheia. Era pessoa aparentemente simples mas misteriosa e, descobriu-se depois, extremamente complexa.

Sua simplicidade está na biografia básica: nasceu em 10 de dezembro de 1920 na aldeia de Tchechelnik (Ucrânia), que nem consta no mapa, e chegou ao Brasil com apenas dois meses de idade. A família se estabeleceu inicialmente em Maceió. Clarice era a filha caçula de Pedro e Marieta Lispector. Cresceu em Recife, onde fez os estudos básicos. Formou-se em Direito, no Rio de Janeiro, mas acabou exercendo o jornalismo.

Mulher de beleza exótica, casou-se com o diplomata Maury Gurgel Valente, que acompanhou ao exterior. Viveu na Europa (Portugal, França e Itália, principalmente) e nos Estados Unidos. Teve dois filhos. Divorciou-se. Preferia a literatura às atividades jornalísticas, mas estas foram essenciais para a sua sobrevivência. Sua existência foi difícil, solitária e materialmente pobre. Residiu durante muitos anos em um pequeno apartamento, no Leme (Rio de Janeiro). Morreu em 1977, de câncer no útero, em um hospital do INPS. Era quase Natal. Como herança, deixou onze livros considerados geniais.

Curadores da Alma (INFP) apresentam elevado senso de honra e desejo de integridade. Têm, normalmente, grande disposição para ajudar os outros e ampla compreensão da alma humana. Apenas 1% da população é INFP.

Sua complexidade foi traduzida em uma frase pelo poeta Carlos Drummond de Andrade, encerrando a extensa biografia escrita por Nádia Gotlib: "Clarice veio de um mistério, partiu para outro. Ficamos sem saber a essência do mistério. Ou o mistério não era essencial, era Clarice viajando nele".

Desde pequena, reivindicava direitos. Por isso, sugeriram-lhe que fosse advogada. Bobagem. Ela tinha mesmo vocação para entender almas; ser advogada destas, por meio da literatura. Tanto que, nas provas de ingresso ao curso preparatório da faculdade, sua nota mais alta (98) refere-se exatamente às disciplinas de psicologia e lógica. Depois, literatura. Óbvio demais? Talvez. Mas, naquela época, ninguém se deu conta.

Também desde criança, sonhava em ter um conto publicado no *Diário de Pernambuco*. Escrevia. Mandava. Mas nunca publicaram. Ela própria encontrou a resposta para a recusa: "Todas as histórias vencedoras relatavam fatos verdadeiros. As minhas somente continham sensações e emoções vividas por personagens fictícias", segundo revelou a parentes e amigos, e que Nádia Gotlib traz a público na obra citada. Ela não sabia, como nós, que a maioria esmagadora da humanidade prefere fatos verdadeiros à magia da literatura imaginada, ainda que lastreada na realidade íntima a que a maior parte das pessoas não tem acesso.

Clarice, desde cedo, já revelava seu dom inato para perceber sentimentos. Sabia identificá-los com precisão de cirurgião, dissecava-os, desmascarava-os. A irmã, Tânia, relatou à biógrafa que, desde cedo, a escritora demonstrava uma percepção sensível "e se mantinha alerta a como se comportavam as pessoas". A própria Clarice contou em uma crônica que, quando criança, e depois adolescente, fora precoce em muitas coisas. Em sentir um ambiente e em apreender a atmosfera íntima de uma pessoa. "A surpresa diante do mistério da vida e do amor, ou diante dos 'caminhos secretos da natureza', produto de agudo senso de observação, por vezes um tanto cômica, será o motivo principal de suas histórias", comenta Nádia, que é livre-docente e leciona Literatura Brasileira na Universidade de São Paulo.

Clarice era diferente da maioria das moças e mulheres. Não somente pelo exotismo de sua face. Tinha personalidade singularíssima, independência, desejo de liberdade, senso de justiça, necessidade de transcender a vida comezinha. Todas disposições próprias de uma pessoa de tipologia INFP (sentimental introvertida com intuição extrovertida). Por ela, jamais se teria casado. Mas foi muito amada pelo diplomata Gurgel Valente e ela também lhe quis bem a seu modo. Por ele, obrigou-se a ser mulher comum, a cuidar da casa, fazer comida, criar filhos, receber visitas. Sem desistir de seu sonho de escrever, porém sem a pretensão de se tornar um nome importante da literatura.

Nádia reproduziu uma fala dela sobre o assunto: "Eu nunca pretendi assumir atitude de superintelectual. Eu nunca pretendi assumir atitude nenhuma. Levo uma vida muito corriqueira. Crio meus filhos. Cuido da casa. Gosto de ver meus amigos. O resto é mito".

Também a inquietavam o amor e a transcendência, preocupações refletidas no texto publicado na biografia citada. "Venha Deus, venha. Mesmo que eu não mereça, venha... Sou inquieta, ciumenta, áspera, desesperançosa. Embora amor dentro de mim eu tenha. Só que não sei usar amor: às vezes parecem farpas. Se tanto amor dentro de mim recebi e continuo inquieta e infeliz, é porque preciso que Deus venha. Venha antes que seja tarde demais".

Em Lúcio Cardoso, escritor e jornalista, companheiro na Agência Nacional, encontrou a pessoa sobre a qual projetou seu ideal de amor. Uma paixão nunca consumada porque não correspondida. Lúcio era declaradamente homossexual e muitíssimo amigo dela. Clarice despertava outras paixões, mas não estava interessada. Amava sobretudo o amor. Por isso, alimentava aquele não correspondido.

Este comportamento é bastante encontrado em pessoas de tipologia INFP muito clara e introvertidas. É difícil para mulheres e homens com tais características harmonizar os cânones exteriores, geralmente de caráter utilitarista e provisório, com os anseios internos que os NF têm do Absoluto. O Amor é um deles. Com freqüência, a energia amorosa é deslocada (sublimada) para outros ideais e, às vezes, assume um caráter errático, como ocorre com os que se dedicam a lutar incansavelmente pela justiça e pela igualdade.

O desassossego de Clarice não era apenas psicológico. Era também financeiro. Ela gostava de escrever. Mas não sob encomenda. Queria criar seus livros, porém era obrigada a passar a maior parte do tempo fazendo entrevistas, escrevendo crônicas, trabalhando para jornais e revistas. Nádia Gotlib destaca essa vontade da autora: "Eu não queria mais escrever. Escrevo agora porque estou precisando de dinheiro. Eu queria ficar calada. Há coisas que nunca escreverei, e morrerei sem tê-las escrito. Essas por dinheiro nenhum. Há um grande silêncio dentro de mim".

Os onze livros que produziu são cultuados por um pequeno e seleto público, porque seus textos não são fáceis. Até os títulos são muito diferentes: *Perto do coração selvagem, A paixão segundo G. H., A maçã no escuro, A hora da estrela*. Em todos capta emoções humanas sutis como um psicólogo delicado que escrutina os escaninhos mais esconsos da alma das gentes. Pessoas de todo tipo, com seus falares e trejeitos, como a portuguesinha mandriona e borrachona do conto "Devaneio e embriaguez duma rapariga".

Sua inteligência intrapessoal, de altíssima freqüência, não precisava de antena. Era a própria antena a captar a alma humana. Na mesma obra em que publicou a história divertida da rapariga portuguesa, *Laços de família*, de 1960, encontram-se todos os indícios de uma argúcia ímpar. O conto "Feliz aniversário" é quase uma fotografia de todas as famílias com suas desavenças, despeito, rivalidades, orgulho.

Um trecho:

"A família foi pouco a pouco chegando. Os que vieram de Olaria estavam muito bem vestidos porque a visita significava ao mesmo tempo um passeio a Copacabana. A nora de Olaria apareceu de azul-marinho, com enfeite de paetês e um drapeado disfarçando a barriga sem cinta. O marido não veio por razões óbvias: não queria ver os irmãos. Mas mandara sua mulher para que nem todos os laços fossem cortados – e esta vinha com o seu melhor vestido para mostrar que não precisava

de nenhum deles, acompanhada dos três filhos: duas meninas já de peito nascendo, infantilizadas em babados cor-de-rosa e anáguas engomadas, e o menino acovardado pelo terno novo e pela gravata."
Retratava não apenas a realidade como também o real adivinhado, um *insight* ou uma clarividência. Como no conto "A legião estrangeira", que faz parte da obra *Felicidade clandestina*, em que descreve a eclosão da inveja. Narrado na primeira pessoa, a protagonista (uma menina que comprara um pintinho na feira) percebe nos mais sinuosos sinais de Ofélia, a vizinha invejosa, que esta lhe roubaria até a pobreza. "Nos olhos que pestanejaram a dissimulada sagacidade, nos olhos a grande tendência à rapina. Olhou-me rápida, e era a inveja, você tem tudo, e a censura, porque não somos a mesma e eu terei um pinto, e a cobiça –ela me queria para ela. Devagar, fui me reclinando no espaldar da cadeira, sua inveja que desnudava minha pobreza e deixava minha pobreza pensativa; não estivesse eu ali, e ela roubava minha pobreza também; ela queria tudo."

A vida também quis tudo de Clarice. Em troca, deu-lhe glória *post mortem*, o título de maior escritora brasileira. Que ela não almejava. Desejava ter sido comum, pacata, tranqüila. Uma princesa em seu castelo. Foi o contrário: incomum, insatisfeita, inquieta. Alguém fora de lugar e de seu tempo. Talvez seja o preço que têm de pagar aqueles que vêm ao mundo para fazer diferença.

CAPÍTULO 6

Os exilados de Vênus e de Júpiter

Racionais: fora da razão não existe salvação

Se os Idealistas são os exilados de Vênus, pode-se olhar para os NT (Racionais) como exilados de Júpiter.[1] Tal como os Idealistas (NF), também se sentem, de certo modo, deslocados em um mundo criado por e para sensoriais SP (Artesãos) e SJ (Guardiães).

Raros (nem chegam a 7% da população mundial), convivem de forma harmoniosa com aqueles, para quem criam e desenvolvem ferramentas, máquinas, motores, instrumentos, computadores, sistemas. A história sempre os reverenciou: desde os pré-socráticos, passando por Euclides, Aristóteles, Copérnico, Galileu, Bacon, Descartes, até Newton, Darwin, Einstein e Jung e dezenas de laureados com o Prêmio Nobel, nas últimas décadas, nas distintas áreas da ciência.

Porém, nem só de inventores ou construtores de sistemas é formada a pequena multidão de gente NT. Uma gama bastante representativa dos Racionais é constituída pelos estrategistas (em qualquer campo, mas particularmente na política, na guerra e nos grandes conglomerados econômicos) e pelos pensadores de mente brilhante. Neste grupo, incluem-se filósofos, antropólogos, sociólogos, economistas, juristas, jornalistas (articulistas), e também psicólogos e psiquiatras.

Inteligência estratégica é característica comum, em maior ou menor grau, aos quatro tipos que representam este temperamento. Está diretamente relacionada à capacidade de usar com eficiência raciocínio lógico e intuição. Primeiro, para definir bem uma meta a alcançar e, depois, para identificar quais métodos, caminhos ou meios podem levar à sua consecução, de forma mais acurada, mais rápida e, se possível, menos custosa.

Ninguém conhece melhor o pensamento, a linguagem, a inteligência, a orientação, a visão de mundo, os valores, os interesses e o papel social de um NT do que outro NT. David Keirsey observou que a auto-imagem dos NT está alicerçada em um trinômio que inclui engenhosidade (que lhes confere auto-estima), autonomia (responsável pelo auto-respeito) e atitude resoluta (que lhes dá autoconfiança). Confiam, sobretudo, na razão e aspiram a adquirir sempre mais conhecimento. Curiosos, interes-

Tipos psicológicos de temperamento NT (Racionais)

ISTJ	ISFJ	INFJ	**INTJ**			
ISTP	ISFP	INFP	**INTP**	**Racionais**	Coordenadores	ENTJ (Marechal de campo)
ESTP	ESFP	ENFP	**ENTP**			INTJ (Mente brilhante)
ESTJ	ESFJ	ENFJ	**ENTJ**	**NT**	Construtores	ENTP (Inventor)
						INTP (Engenheiro)

As siglas foram introduzidas por Isabel Myers. As denominações, por David Keirsey.

PREFERÊNCIAS E CARACTERÍSTICAS DOS RACIONAIS

(NT)	Artesãos (SP)	Guardiães (SJ)	Idealistas (NF)	Racionais
Mundo favorito	Concreto	Concreto	Abstrato	Abstrato
Talentos	Táticos	Logísticos	Diplomáticos	Estratégicos
Inteligências mais evidentes	Corporal e cinestésica Musical	Lógico-matemática Interpessoal	Interpessoal Intrapessoal Lingüística	Lógico-matemática Espacial
Foco em	Ações	Resultados	Ideais	Idéias
Hábeis com	Instrumentos	Materiais	Pessoas	Sistemas
Inclinação para	Técnica	Moralidade	Ética	Invenção
Interesse principal	Artes (*lato sensu*)	Administração e negócios	Desenvolvimento e promoção humana	Tecnologia e ciência
Confiam em	Impulsos	Autoridade	Intuição	Razão
Objetivo	Virtuosismo	Execução	Sabedoria	Sapiência
Disposição para	Hedonismo	Estoicismo	Altruísmo	Pragmatismo
Humor	Agitados	Compenetrados	Entusiasmados	Fleumáticos
Valorizam	Generosidade	Gratidão	Reconhecimento	Deferência
Orgulham-se de ter	Habilidade	*Status* social	Empatia	Engenhosidade
Auto-afirmação na	Audácia	Beneficência	Compaixão	Autonomia
Liderança	Situacional	Estabilizadora	Catalisadora	Visionária
Comportamento	Utilitarista	Cooperador	Cooperador	Utilitarista

sam-se por tecnologia e apreciam o impacto de suas descobertas. Alguns desejam subir ao panteão dos sábios; outros contentam-se com suas pesquisas. Gostam de ser apreciados, não com bajulações mas com a deferência. Mesmo que a platéia seja pequena, como o grupo familiar ou o time de trabalho.

Nas empresas são líderes visionários, capazes de engendrar interessantes estratégias para conquistar novos mercados, desenvolver e aperfeiçoar produtos, descobrir novas formas de fazer as coisas, bem como novas metodologias e práticas para desenvolver pessoas. Tendem a manter distância e assumem atitudes claras de independência. Embora, na maior parte da vezes, exibam um comportamento calmo e ponderação, podem entrar em rota de colisão com parceiros e subordinados e fazer eclodir explosões violentas, quase sempre inesperadas e irreversíveis.

Tipos de temperamento NT também se comportam assim em família ou no grupo de amigos. Embora sejam focados na vida prática, para a qual dirigem seus talentos, não apreciam as trivialidades da vida cotidiana. E, para eles, tudo que estiver fora de seu círculo de interesses – a ciência, a tecnologia, a filosofia, a política, a arte bélica, o ensino de nível superior, o comando de empresas – acaba caindo na vala comum das coisas medíocres (necessárias, porém comezinhas). Por exemplo: a arte e os esportes são apreciados por eles, mas geralmente apenas como forma de lazer.

Casam-se, com freqüência, com mulheres ou homens do mesmo grupo (têm os mesmos interesses e aspirações). Dentre os quatro temperamentos, são os que menos se apaixonam, porque a função pensamento, que neles é dominante, impede que devaneiem ou fantasiem sobre um relacionamento. Valorizam o casamento e a família como sustentáculo físico, psicológico e moral. Os homens NT preferem as mulheres mais práticas e menos sonhadoras. As mulheres NT escolhem maridos ou namorados que não cerceiem sua liberdade e respeitem e reconheçam suas competências e talentos.

É visível que a maior parte das mulheres, que ingressaram nos ambientes de trabalho após a Revolução Feminista – e chegaram a posições de comando –, tem temperamento NT. Dois exemplos bastante expressivos são Condoleeza Rice e Hillary Clinton. Mitologicamente, podem ser identificadas

Os Racionais (NT) apresentam mente muito organizada, além de visão de curto, médio e longo prazos. Os do grupo dos Julgadores (J) apreciam o poder e o comando, caracterizando-se como estrategistas notáveis. Os do grupo dos Perceptivos (P) preferem a invenção e a tecnologia, além da construção e da estética. Emocionalmente frios, guiam-se sempre pela razão (raciocínio lógico).

com a deusa grega Atena (deusa da sabedoria, nascida diretamente da cabeça de Zeus). Mentais e independentes, conseguiram penetrar nos espaços dominados pelos homens, em todos os campos.

Tipos NT, sejam homens ou mulheres, têm um comportamento muito diferenciado, quando comparados com outros temperamentos, em relação aos filhos. São capazes de sacrifícios extremos para que tenham saúde, conforto e acesso às melhores escolas. Mas passam pouco tempo com eles. Geralmente, são aqueles profissionais bem-sucedidos, que trabalham quinze horas por dia, e justificam a falta de convivência com a frase: "O importante não é a quantidade de horas que passo com meus filhos, mas a qualidade".

Eles acreditam piamente no que dizem, o que para outros temperamentos, inclusive os SP (que também passam pouco tempo com os filhos mas por outro motivo: a necessidade de movimento, de variação), é uma espécie de heresia. É certo que as atividades em que os NT se envolvem, e a forma peculiar de sentir o passar do tempo, os impedem de ter um contato mais caloroso com os descendentes. Porém, se tiverem filhos do mesmo temperamento (NT), quando começarem a crescer, terão enorme prazer em acompanhá-los nos estudos e entreter longas conversas com eles. Como os demais temperamentos e tipos psicológicos, os NT põem a família em primeiro lugar (sustentáculo psicológico), mas boa parte não se casa e, quando se casa, prefere não ter filhos.

Coordenadores e construtores

Tanto Myers quanto Keirsey dividiram os racionais em dois grupos: os perceptivos (P) e os julgadores (J), tal como ocorre entre os NF. Os racionais julgadores foram batizados por Keirsey **coordenadores** (apreciadores de ordem, ordenamentos, hierarquias), enquanto os perceptivos foram denominados **construtores** (aqueles que prezam a organização). Essa distinção poderá parecer dispensável, à primeira vista, mas é importantíssima para a sedimentação de uma visão de mundo e atuação dentro dele.

A atitude extrovertida (E) e introvertida (I) também é relevante porque impele os tipos a atuar de forma estimulante e concentrada no mundo externo ou interno. Neste caso, a intuição adquire papel importante. É interessante comentar as conclusões a que chegou Isabel Myers durante seu trabalho de pesquisa de campo. Em relação aos julgadores (TJ) extrovertidos (E), observou que tanto faz pertencerem ao universo dos sensoriais (ESTJ e ISTJ) como dos intuitivos (ENTJ). Em ambos os casos, sentem-se à vontade sempre que uma situação externa precise ser organizada, criticada ou regulada. Geralmente, gostam de decidir o que deve ser feito e de dar ordens para garantir que suas decisões sejam cumpridas. Quase sempre são severos disciplinadores e sabem ser duros quando a situação exige.

O tipo ENTJ é denominado por Keirsey marechal de campo, mas a denominação não se aplica apenas às lides militares. Pessoas ENTJ são muito encontradas em grandes organizações econômicas e políticas em que se destacam como superlíderes. Reis (D. João VI, de Portugal; Luís XIV, da França; e Henrique VIII, da Inglaterra) e rainhas (Elisabeth I, da Inglaterra; e Catarina de Médicis, da França), governantes de países (Mao Tsé-tung, Deng Xiaoping, Golda Meir, Juan Perón, Charles De Gaulle, Emílio Médici) e muitos presidentes de grandes empresas pertencem ou pertenceram a este grupo. São capazes de montar uma hierarquia bem ordenada, que torna possível o funcionamento perfeito de uma rede de comando e mobilização de forças ou talentos. Líderes ENTJ sabem utilizar capacidades humanas e recursos materiais para executar estratégias complexas.

Nos bastidores, encontra-se o talentoso INTJ ou *mastermind*, como Keirsey denominou este tipo. Pessoas da tipologia INTJ são excelentes coordenadores de operações, organizadores de programas, cronogramas, itinerários, calendários etc., sempre de forma coerente e compreensível. Não são apegados ao poder, como os ENTJ, mas costumam fazer seguidores por causa do brilho que irradiam. Nas empresas, são excelentes para coordenar projetos de desenvolvimento organizacional e de pessoas.

Os tipos perceptivos (P) preferem manter a mente aberta a novas possibilidades, mas são focados em projetos organizados (holísticos). Os inventores (ENTP) fixam-se no desenvolvimento de protótipos. A funcionalidade é o objetivo que perseguem. Um bom exemplo são os projetistas de automóveis ou de aeronaves. Já os engenheiros (INTP) criam planos estruturados, modelos e maquetes. Para estes, o que conta é a coerência de um projeto e a elegância da configuração. Embora denominados engenheiros, nem sempre projetam edifícios. Muitos preferem construir sistemas quase sempre invisíveis aos olhos (como foi o caso de Pitágoras, Newton, Jung e Einstein, entre outros).

Comandar é preciso

A História mostra que tanto nas revoluções nacionais como nas guerras mundiais militares com a tipologia NTJ foram decisivos para vencer o adversário e estabelecer a hegemonia de seus países ou de suas ideologias ou partidos. Keirsey cita líderes dos Estados Unidos. Entre eles George Marshall, Dwight Eisenhower e Douglas MacArthur. Hoje, porém, os generais e marechais tendem a desaparecer dos campos de batalha. Guerras, na atualidade, se fazem sobretudo a distância. Os mísseis – uma invenção dos NT – vieram para substituir, em grande medida, a força humana. O espírito de comando, entretanto, permanece e, com a economia globalizada, faz muita falta em empresas que querem conquistar espaço fora de seu território ou conservar o que já foi conquistado. Explica-se por que, hoje, sejam encontrados tantos NTJ (particularmente os extrovertidos ENTJ) nos conselhos de administração dos grandes conglomerados econômicos e nos bancos centrais da maioria dos países. Possivelmente, Bill Gates seja, neste início de século, o maior exemplo de liderança ENTJ.

Correspondendo a menos de 3% da população mundial, os ENTJ são facilmente visíveis, desde a infância. Nas brincadeiras entre garotos e garotas, lideram e definem os papéis de cada um. Têm intuição privilegiada para perceber evidências, que utilizam para classificar e hierarquizar. Em geral, dão pouca atenção a procedimentos (normas, regras, rotinas). Respeitam-nas apenas se fizerem sentido. Isso não quer dizer que as desprezem. Ao contrário: acham que toda organização deve ter regras bem claras que todos obedeçam. Se forem inconsistentes, eles as mudam para que façam sentido e conduzam as pessoas aos resultados esperados.

Profissionais ENTJ têm enorme habilidade para planejar metas, implementá-las e comandar pessoas, ao longo do tempo, até chegar ao objetivo final. Como bem observou Keirsey, o tempo para os NT não é linear, como é para os outros temperamentos. O tempo deles não obedece à cronologia, porque sua mente o divide em intervalos, marcados por eventos.

Os ENTJ também podem ser encontrados trabalhando na área jurídica. Este dado não deve surpreender. Teóricos do direito e advogados primam pelo pensamento empírico, objetividade e atenção à vida prática, três aspectos que definem a tipologia ENTJ. Por outro lado, os ENTJ são, freqüentemente, impessoais e sentem-se confortáveis aplicando penalidades a quem desrespeita a lei ou comete delitos. Ou, ainda, a quem "não reza conforme sua cartilha".

Embora não seja regra geral (é preciso lembrar, sempre, que o temperamento impele mas não compele), conduzem-se, com freqüência, como ditadores ou soberanos absolutistas. No Brasil do século vinte, ninguém foi mais expressivo como ENTJ do que Assis Chateaubriand, o *kaiser* da Comunicação.

Mentes brilhantes

Se os ENTJ podem ser rotulados como "marechais de campo" por sua enorme habilidade para comandar, aos introvertidos INTJ (menos de 1% da população mundial) caberia perfeitamente a denominação "mentes brilhantes". Esta palavra evoca, de imediato, Stephen Hawking ou Linus Pauling (laureado com os Prêmios Nobel de Química e da Paz). Porém, existiram e existem outras mentes brilhantes, algumas fora do campo da ciência pura.

Pessoas INTJ são bastante encontradas na área governamental, assessorando presidentes (foi o caso de Golbery do Couto e Silva), e também em empresas, liderando as equipes que assessoram a alta direção, embora seus territórios mais comuns sejam os conselhos administrativos das grandes corporações e as instituições de ensino e pesquisa.

Numa época como a de hoje, em que a tecnologia moderna e atualizada faz enorme diferença em qualquer atividade, tipos INTJ encontram muito espaço para exercer sua engenhosidade. Eles costumam ser muito autoconfiantes em relação à sua capacidade (Keirsey os destacou como os alunos mais brilhantes de qualquer escola).

Apreciam trabalhar de forma solitária, de modo a poder observar melhor os fenômenos que ocorrem à sua volta e captar intuições que sirvam a seus propósitos. Apesar disso, são notavelmente abertos às contribuições alheias e apreciam participar de reuniões nas quais as pessoas possam se expressar abertamente. Em geral, formam equipes muito fiéis, seguidoras de seus princípios. Um INTJ claríssimo foi o ex-ministro e professor Mário Henrique Simonsen, um gênio da matemática e da economia.[2] Outro exemplo foi John Maynard Keynes, inglês que revolucionou a teoria econômica contemporânea.

Sentem-se atraídos pela teoria que procuram compreender em seus mínimos detalhes para, então, tecer raciocínios lógicos que lhes indiquem desdobramentos e implicações, os quais poderão vir a constituir-se em bases para estratégias e táticas que os conduzam a resultados predeterminados, mesmo que a longo prazo. Mas não têm paciência para esmiuçar seu raciocínio e explicá-lo aos outros. Do mesmo modo, sentem-se desconfortáveis com os detalhes. Pessoas comandadas por chefes INTJ têm neles uma fonte inesgotável de idéias interessantes e, às vezes, revolucionárias. Porém, precisam de grande dose de tolerância com a impaciência deles e sua rapidez de raciocínio para entender o que esperam que elas façam. É muito difícil atender, de imediato, às exigências de alguém com temperamento INTJ.

Tais como seus "irmãos" ENTJ, os INTJ são incansáveis. Embora rápidos para raciocinar e donos de alto poder de concentração, poderão passar muito tempo tentando deslindar uma teoria ou estruturando o planejamento estratégico de uma organização. Enquanto suas hipóteses não encontrarem respaldo na realidade concreta, ou apresentarem inconsistências, não sossegarão. Se não chegarem a bom termo, preferirão desprezar o que foi construído e escolher uma nova linha de trabalho ou de pesquisa.

Por terem pensamento extrovertido, anseiam pela aplicação prática e rápida de suas idéias. Não é sem razão, portanto, que empresas ou institutos de pesquisa burocratizados não os atraem. Estes não servem ao seu propósito. Em vez de empresas ou instituições estáveis, porém muito estruturadas e lentas, preferirão trabalhar naquelas que não sejam tão famosas, mas valorizem a criatividade, o conhecimento e o raciocínio lógico, junto com a liberdade para pesquisar e pôr em prática os resultados.

Os engenheiros

Keirsey denominou os NT de estilo julgador (J) coordenadores porque, de fato, eles apreciam estar no comando de uma missão, de uma instituição ou de um projeto. Aos NT de estilo perceptivo (P) chamou construtores. Neste subgrupo, encontram-se os inventores (ENTP) e os engenheiros (INTP).

É preciso relembrar que as designações atribuídas pelo psicólogo e pesquisador norte-americano têm um sentido muito mais amplo do que sugere o termo. Assim como *fieldmarshall* não se restringe a militares graduados, mas também inclui profissionais de alto escalão, engenheiro não é uma designação que se aplique apenas a profissionais devotados à engenharia ou à arquitetura. "Arquiteto" procede do verbo "arquitetar", ou seja, idear, projetar, planejar, construir. E engenheiro engloba uma série de especialidades nas quais se faz necessária a engenhosidade, entendida como faculdade inventiva, talento e saber.

O subgrupo dos construtores é formado por profissionais que se dedicam tanto à invenção (ENTP) como à engenharia (INTP), de um ponto de vista estrito, e ainda a profissões e atividades que guardam alguma afinidade conceitual com essas duas áreas.

Os inventores ou ENTP, intuitivos extrovertidos com pensamento introvertido, são muito hábeis para desenvolver protótipos físicos e mecânicos, porque primam pelo pensamento organizado. Esta faculdade lhes confere talento, também, para engendrar relacionamentos, a ponto de muitas vezes serem confundidos com os ENFP (intuitivos extrovertidos com sentimento introvertido) e podem dar-se bem em atividades próprias destes como, por exemplo, liderar equipes, atuar como advogados, diplomatas e embaixadores.

Sua função dominante, a intuição, que lhes possibilita visão randômica, é uma importante ferramenta para atuarem no mundo empírico (próprio dos tipos sensoriais), onde encontram inúmeras oportunidades de realização pessoal e profissional. Por outro lado, a atitude extrovertida é uma vantagem que se alia à intuição e ao raciocínio lógico (engenhosidade), principalmente quando se trata de vender um projeto inovador ou uma idéia revolucionária. Por serem comunicativos, calorosos e entusiasmados, os tipos extrovertidos conseguem adesões muito mais facilmente do que os introvertidos.

Entretanto, que ninguém se engane. Os "engenheiros" jamais tentarão vender algo que não funcione. Seria um insulto ao seu orgulho de inventor. O que lhes dá a sensação de poder não é a admiração e a adesão alheias, mas o reconhecimento de que seu invento tem utilidade na vida prática e pode servir à humanidade. Enquanto o avião foi um meio de transporte que serviu à civilização, Santos Dumont sentiu-se um homem importante e realizado; no momento em que passou a ser utilizado para fazer a guerra, entrou em depressão e suicidou-se.

Pessoas ENTP costumam trabalhar em todo tipo de empresa. Nem sempre em atividades técnicas. Às vezes, são administradores e executivos envolvidos em novos projetos e com o crescimento da organização. Nesses cargos, quanto maior o desafio, maior será a motivação. Conseguem trabalhar bem em companhias e instituições estruturadas e com regras bem definidas (por exemplo, cartórios). Diferentemente de outros NT, constroem amizades com facilidade e montam times de trabalho harmoniosos. Gostam de trabalhar em grupo e sabem delegar. Contudo, jamais poderão ser enganados por subordinados ou colegas em que confiam. Se isso acontecer, sua auto-estima declinará porque concluirão que erraram em sua avaliação, o que para eles significa perda de confiança na própria competência. É preciso lembrar que a auto-estima elevada é um pilar fortíssimo da estrutura psicológica dos Racionais.

"Engenheiros" também podem ser encontrados na área da Comunicação. Jornalistas ENTP costumam trabalhar como editores de publicações técnicas e científicas e articulistas na grande imprensa. Alguns se destacam na literatura e em atividades relacionadas com a psiquiatria. No entanto, assim como os INTP, que costumam ser brilhantes nesta área, geralmente preferem a pesquisa e não o atendimento em clínica ou consultório. Quando engenheiros, suas áreas favoritas são a química e a mecânica. Poderão montar empresas próprias, pois os ENTP têm grande capacidade empreendedora.

Dentre os tipos de temperamento NT, os ENTP correspondem ao maior contingente: 3% da população mundial. Neste grupo, encontram-se inventores e pesquisadores como Nicola Tesla (engenharia elétrica) e Thomas Edison (autor de mais de uma centena de patentes), Albert Sabin, Louis Pasteur e Vital Brasil (vacinas), os irmãos Robert, James e Edward Johnson (pesquisa farmacêutica), Steve Jobs (computadores), King Camp Gillette (lâminas de barbear), Marcel Bich (canetas e isqueiros Bic) e Alberto Santos Dumont (aeroplanos), só para citar alguns.

O tipo introvertido (INTP), denominado engenheiro por Keirsey, apresenta muitas características do ENTP. Entretanto, por causa da introspecção, prefere trabalhar sozinho, em vez de liderar uma equipe ou um projeto. Pessoas INTP são muito exigentes (tanto em relação aos outros como a si mesmas), atentas e focadas em padrões, congruências e consistências. Essa característica faz com que sejam os profissionais preferidos para comandar institutos e organizações que criam e ditam normas técnicas, não importa a área do conhecimento.

Diferentemente dos tipos julgadores (J), os INTP não gostam de comandar ou mandar nas pessoas. Adaptam-se facilmente aos ambientes, mas não apreciam participar de "grupos". Educados, calmos e cordiais no tratamento, são, contudo, avessos à vida social, porque muito focados em seu mundo interior.

Quando falam, causam impacto em razão do conhecimento que demonstram possuir. Entretanto, dificilmente são entendidos pela maioria de seus interlocutores. Pessoas INTP apreciam muito a teoria e se esquecem de que o que é simples para elas pode ser extremamente complexo para quem não domina sua área de saber.

Essa situação também é corriqueira no mundo acadêmico, na qual muitos INTP preferem trabalhar. Os alunos podem ser conquistados de imediato, tanto pela simplicidade pessoal de um professor INTP como por sua grande sabedoria. É possível, porém, que, depois de algum tempo, venham a se queixar da didática ou da metodologia de ensino.

É por essas razões que os INTP rendem mais quando trabalham sozinhos. Também se sentem mais felizes, porque desprezam assuntos banais e detestam perder tempo com detalhes de tarefas que, para eles, parecem irrelevantes. Embora adaptáveis aos ambientes e às pessoas, comunicam-se somente quando acham necessário, sendo vistos como pessoas auto-suficientes ou extremamente tímidas. Quando casados, passam longas horas sem conviver com a família. Assuntos sociais terão de ser conduzidos pelo cônjuge, porque os INTP – além de não apreciarem atividades "mundanas" – não levam jeito para anfitriões nem para hóspedes. Sentem-se muito bem em seus "castelos", às vezes construídos por eles mesmos.

Comentários sobre seu modo de ser dificilmente serão recebidos como crítica ou ofensa (diferentemente do que ocorre com os ENTJ, os INTJ e os ENTP, que apreciam o reconhecimento de sua personalidade, de forma positiva). Aceitam-se como são e da forma como são percebidos. Estão mais preocupados com idéias e inspirações que os conduzam a novos campos do conhecimento. Porém, quando encontram um grupo com afinidades semelhantes (pesquisadores, professores ou alunos adiantados dos cursos que ministram), costumam ser calorosos, entusiasmados e motivadores.

Pessoas INTP apreciam muito a inteligência e têm alergia a conversas ociosas, o que dificulta a comunicação com a maior parte do "mundo", haja vista que a maioria é sensorial e se interessa por assuntos triviais, como comida, moda, festas, telenovelas, música popular, fofocas, igrejas, clubes, *status* social e poder. Representam 1% da população mundial.

Desde a Antigüidade até o presente, podem ser citados como "gênios" de temperamento INTP os arquitetos de sistemas Leucipo, Demócrito e Aristóteles (Grécia antiga), Isaac Newton, Albert Einstein, Karl Marx e Immanuel Kant (arquitetos da física, da economia e da filosofia). Na psicologia, dois grandes sistematizadores foram Carl Gustav Jung e David Keirsey.

O talento dos INTP também é notável em arquitetura e urbanismo e, aqui, a inteligência espacial e o gosto estético fazem enorme diferença. No Brasil do século dezenove, foi particularmente notável a influência do paulista Francisco Ramos de Azevedo, projetista de grandes obras, entre elas o Teatro Municipal da capital de São Paulo. Na arquitetura moderna (século vinte) sobressaíram o suíço-francês Le Corbusier, a ítalo-brasileira Lina Bo Bardi, os brasileiros Lúcio Costa, Francisco Prestes Maia e, é claro, Oscar Niemeyer, o projetista de Brasília. Le Corbusier é, dentre todos, o nome mais lembrado até o presente, em virtude de seu estilo vanguardista. Mas há quem reconheça idênticas qualidades em Antoni Gaudí, o catalão que se considerava um geômetra e cujas obras combinam forma e função como se fossem uma coisa só. Poucos conseguiram, como Gaudí, conciliar realidade e conceito. No Brasil, Lina Bo Bardi teve essa visão e esse mérito.

Também deve ser incluído nesta lista Enzo Ferrari, primoroso *designer* de automóveis. Ferrari ficou conhecido por sua obsessão pela perfeição técnica e elegância de estilo de seus carros, a ponto de trabalhar todos os dias da semana e morar na fábrica. Não ia às corridas para não se aborrecer. Sofria muito ao ver como os pilotos maltratavam as suas "jóias". Embora não sejam possessivos (pois criam obras para uso alheio), os INTP prezam a deferência por suas criações.

NOTAS

1. *Os tipos NT apresentam grande afinidade com os deuses pensadores e estrategistas (que também tinham poder e engenho). Ao tipo ENTJ corresponde o deus maior do Olimpo, Zeus; sua filha, Atena, a grande estrategista e apreciadora da tecnologia (foi dela a idéia da construção do cavalo de Tróia), tem o perfil dos INTJ; Prometeu, da raça dos Titãs, que roubou o fogo do céu para dá-lo aos mortais, apresenta afinidades com os inventores ENTP; e Dédalo, arquiteto do palácio do Cnossos e do labirinto onde o rei Mino, de Creta, mantinha o minotauro, com os INTP. Dédalo também fez asas para ele e seu filho, Ícaro, fugirem do palácio de Creta.*

2. *O grande diferencial dos INTJ é o uso contínuo e intenso da intuição. O raciocínio lógico-matemático, como função auxiliar, subordina-se a ela. Um exemplo da diferença que a intuição costuma fazer na vida e na carreira de pesquisadores da ciência é citado por Howard Gardner em* Estruturas da mente. *Ele lembra que Werner Heisenberg, Prêmio Nobel em Física, admirava-se das intuições de seu mentor, Nils Bohr, e como, com freqüência, elas ultrapassavam o que os fenômenos físicos poderiam provar. Disse Heisenberg: "... ele possui um instinto infalível para usar suposições próprias para construir modelos bastante convincentes de processos atômicos". Igualmente Einstein (INTP) se apoiava firmemente na intuição, afirmando que formas (sistemas) coerentes de hipóteses e ações, antes nunca encontradas, devem fazer parte da própria realidade, "uma vez que não poderíamos ter chegado a elas por nós mesmos" (in* Estruturas da mente*). Em 1916, Einstein intuiu que a velocidade da gravidade era igual à velocidade da luz (cerca de 300 km/segundo no vazio). Em janeiro de 2004, uma equipe internacional de radioastrônomos mediu pela primeira vez a velocidade da propagação da gravidade, confirmando a hipótese de Einstein!*

RACIONAIS

MEMÓRIA – ENTJ (Marechal de Campo)

Assis Chateaubriand, alma gêmea de Júpiter

Para entender a personalidade de Assis Chateaubriand, um legítimo representante da tipologia ENTJ, ou líder dos líderes, é preciso recorrer à mitologia grega e contar, ainda que rapidamente, o mito de Zeus (Júpiter), o deus supremo do panteão olímpico.

Zeus reunia todos os atributos divinos. E também os "defeitos" dos mortais. Tanto distribuía o bem como o mal. Quando queria, era sumamente misericordioso; protegia os mortais, cuidava da família, em especial dos filhos. Esteve presente em todas as manifestações da vida terrena e celestial e, quando as coisas não corriam conforme sua vontade, lançava raios e trovões sobre aqueles que o contrariavam. Usurpou o poder de seu pai (Cronos), valendo-se de associações com poderosos, entre eles os olímpicos, os cíclopes e os hecatônquiros. Dividiu o universo com seus dois irmãos. Casou-se sete vezes. Jamais foi fiel. Teve amantes mortais e imortais. Algumas, tomadas à força. Outras, valendo-se de subterfúgios como, por exemplo, transformar-se em cisne e em chuva de ouro.

Francisco de Assis Chateaubriand Bandeira de Mello, o Zeus mortal e *kaiser* da Comunicação, nasceu em Umbuzeiro, Paraíba. Dessa pequena cidade, sairia muito cedo para envolver-se em todos os assuntos da política, da economia e do jornalismo durante a maior parte do século vinte. Angariou um vasto rol de amizades e inimizades e interferiu nos momentos históricos mais importantes da vida brasileira. Entre estes: a ascensão e queda e, novamente, a ascensão e queda de Getúlio Vargas, a carreira política de Juscelino Kubitschek, a evolução do jornalismo brasileiro (graças aos salários altos pagos a grandes nomes da imprensa e da intelectualidade), a implantação da televisão, a aquisição de obras de arte de artistas europeus famosos e a criação do Museu de Arte de São Paulo. Era, enfim, um grande estrategista e realizador.

Os Marechais de Campo (ENTJ) são continuamente motivados pela necessidade de liderar. Ao longo da vida, buscam posições de comando e, normalmente, são bem-sucedidos. Racionais acima de tudo, correspondem a cerca de 3% da população.

Desde garoto, Assis Chateaubriand demonstrou enorme curiosidade. Lia tudo que lhe caía às mãos. Estudou filosofia, direito, alemão e francês. Teve um mentor, Pedro Paranhos, a quem apontava como responsável por sua passagem da barbárie à civilização. Demonstrou, cedo, extraordinário talento para liderar e virar os ventos a seu favor. Um exemplo: reprovado nos exames médicos do Exército (era baixo e magro), conseguiu anulação do laudo. Admitido, e com saúde debilitada, deram-lhe uma função burocrática. Considerou o ato um insulto. Permitiram, então, que assumisse a direção do jornal do quartel e, de vez em quando, fazia palestras para a tropa. Segundo conta Fernando Morais, autor da mais completa biografia sobre o jornalista (*Chatô, o rei do Brasil, 1998*), um ano depois, ao sair, era exímio esgrimista e vencera a timidez que o caracterizava. Mais que isso: aprendera a comandar.

Com apenas 17 anos de idade, começou a articular estratégias para tornar-se conhecido fora de seu pequeno reduto. Envolveu-se na campanha à presidência da República, disputada por Ruy Barbosa e Hermes da Fonseca. Era, na época, redator do *Jornal do Recife*, de pouca expressão. Mas o garoto Chatô já sabia como chamar a atenção. Pegou carona no prestígio do diplomata e escritor pernambucano Manoel de Oliveira Lima. Endossou nas páginas de seu jornal os argumentos do diplomata em favor da candidatura de Ruy, embora o dono do veículo fosse abertamente favorável a Hermes da Fonseca.

Mas não foi essa sua única bravata. A mais atrevida foi imiscuir-se na polêmica travada pela imprensa entre os intelectuais Sílvio Romero e José Veríssimo. Tomou a defesa deste atacando de forma virulenta a Romero, um homem reconhecidamente vaidoso. Este dedicou-lhe duas ou três linhas de desprezo: manifestou publicamente que jamais se ocuparia com um fedelho, "audacioso aspirante da literatura". Assunto encerrado. Chateaubriand tinha de encontrar outro prato cheio em que pudesse enfiar sua colher.

Esses são fatos menores diante do que Assis Chateaubriand conseguiria nos anos seguintes e, principalmente, na maturidade. De polêmica em polêmica, acabou conhecido no Rio de Janeiro e em São Paulo.

A imprensa do sul o queria. Era o primeiro passo para quem almejava muito mais: ser dono de seu próprio jornal. Escolheu a capital federal para morar, local mais de acordo com suas ambições. Montou escritório de advocacia na Rua do Ouvidor e logo começou a receber clientes enviados por grandes bancas. Também se dedicou ao jornalismo, escrevendo para o *Jornal do Commercio* e, logo depois, no *Estadinho*, da família Mesquita.

Ernesto Pereira Carneiro, dono do *Jornal do Brasil*, convidou-o para fazer uma reforma na redação. Aceitaria a oferta, desde que lhe fosse garantida liberdade para nomear amigos para postos-chave. Obteve carta branca. Empregou profissionais de reconhecida competência. Todos trabalhavam duro. Chatô era avesso a festas e desprezava a boemia.

Seu império começou a nascer de um golpe de ousadia e bem tramadas estratégias. Graças aos muitos amigos ricos e influentes, conseguiu o capital para comprar seu primeiro jornal. Os amigos eram os acionistas. Pode-se dizer que Chateaubriand atropelava o tempo e as convenções. Sempre estava com as pessoas certas nos momentos certos, mesmo que estes ainda não houvessem chegado. Ele os "fabricava".

No final de 1928, lançou aquela que seria, durante cinqüenta anos, a revista mais lida do país: *O Cruzeiro*. A circulação era o grande problema para a maioria dos veículos jornalísticos de então. Chatô não economizou no transporte. Enviou a revista por barcos, trens, caminhões e chegou a fretar um bimotor. Também estabeleceu pontos-de-venda em Buenos Aires e Montevidéu. Na redação, estavam os nomes mais cintilantes do jornalismo brasileiro: Nelson Rodrigues, Rachel de Queiroz, Lúcio Cardoso e Franklin de Oliveira, e nela foram revelados os talentos de Millôr Fernandes e Péricles, criador do imortal "O Amigo da Onça".

Nessa época, Chatô já era dono do *Diário da Noite* e de *O Jornal*, veículo que se dava ao luxo de ter Sérgio Buarque de Holanda como correspondente na Alemanha. No início do ano seguinte ao lançamento de *O Cruzeiro*, Chateaubriand chegava a São Paulo para lançar o *Diário de S. Paulo*, chefiado pelo jornalista Orlando Dantas, que tinha experiência internacional.

Conquistado São Paulo, era preciso chegar a Minas. Ali, comprou o *Estado de Minas*, convidando para assumi-lo Milton Campos, Tancredo Neves, Pedro Aleixo e José Maria Alkmin, todos muito jovens mas já com um futuro brilhante anunciado. Chatô tinha visão e faro. Tanto que começou a namorar a política de forma mais séria que nos verdes anos da juventude.

À pagina 200 da longa biografia que sobre ele escreveu Fernando Morais, lê-se: "A atividade jornalística não inibia sua participação política. Representando a Paraíba (onde não punha os pés havia anos), em setembro ele foi incluído entre os delegados à Convenção Nacional da Aliança Liberal que iria sacramentar a chapa Getúlio Vargas – João Pessoa. A chapa venceu, e Getúlio nunca mais se livrou de Chatô".

Gostava do poder e, quando este se encontrava fora de sua alça de mira, zombava dele. A maior zombaria foi ter criado a Ordem do Jagunço, um deboche à Ordem da Jarreteira, em vigor na Inglaterra. Atribuiu-a a muitas personalidades, mas o maior feito foi ter condecorado Sir Winston Churchill, então primeiro-ministro inglês e figura de proa durante a Segunda Guerra Mundial, que teve de vestir o gibão e o chapéu de couro.

A Segunda Guerra, aliás, foi marcante na vida do jornalista. Com dificuldades para comprar papel (que vinha da Europa) para imprimir seus jornais, voltou-se para os Estados Unidos. Até então, Chatô fora amigo dos países do Eixo, tinha simpatia por Mussolini e Hitler. Mas bandeou-se para os aliados, chegando a emprestar ao governo brasileiro dois aviões, o Raposo Tavares e o Jagunço, para combater.

Esse era outro motivo de discórdia com Getúlio Vargas. O dono dos Diários Associados achava que o presidente era apático e só lhe restava uma saída: montar, ele próprio, um exército paisano, recrutando voluntários até no Uruguai e na Argentina. O comandante seria o coronel Cordeiro de Farias. Essa ousadia enfureceu o presidente, que frustrou a iniciativa no nascedouro mediante ameaças expressas a todo e qualquer oficial do exército que integrasse tal contingente.

Na década de 1950, Chatô empenhou-se na construção da carreira política de Juscelino Kubitschek. Primeiro, para governador de Minas Gerais e, depois, à presidência da República. Mas soube cobrar esse apoio. Além de pedir dinheiro a JK para comprar obras estrangeiras para o Museu de Arte de São Paulo, fez parte da delegação brasileira que foi a Londres participar da cerimônia de coroação de Elizabeth II, a quem presenteou com colar e brincos de brilhantes e águas marinhas, pagos por empresários e pelo próprio Juscelino.

Sabia vender idéias. Foi, também, um homem de campanhas, como a da Aviação. A mais consagradora foi aquela destinada à criação do Museu de Arte de São Paulo que, hoje, exibe uma preciosa coleção de renomados pintores mundiais.

Inaugurado o Masp, na Rua Sete de Abril, sede de seu império, Chatô atirou-se a outro sonho: lançar a primeira emissora de televisão na América Latina. Além de ser um magnata da imprensa, era um dos maiores na radiodifusão, com 32 emissoras espalhadas pelo país. Por isso, para montar a TV Tupi, não foi difícil conseguir 500 mil dólares para pagar à americana RCA Victor a primeira prestação dos equipamentos necessários, que teriam custado cinco milhões de dólares.

A TV Tupi, sediada no mesmo edifício da rádio, no Sumaré, foi inaugurada em 18 de setembro de 1950. Meses antes, durante os ensaios, funcionários dos Diários Associados assistiram a uma apresentação, sentados no chão, como índios. Entre os telespectadores estava o milionário norte-americano Nelson Rockefeller.

Assim era Francisco de Assis Chateaubriand Bandeira de Mello. Julgá-lo foge ao escopo desta obra. O que nos interessou, em sua trajetória de vida, foram os comportamentos que nos permitiram identificar as características de um ENTJ (pensador extrovertido com intuição introvertida): inteligência estratégica, visão ampla, capacidade de inovação, assertividade, poder de análise, objetividade e estruturação. E, também, enorme espírito de liderança, ousadia e tendência ao autoritarismo.

MEMÓRIA – INTJ (Mente Brilhante)

MÁRIO HENRIQUE SIMONSEN, MENTE PRODIGIOSA

"Os INTJ, dentre todos os tipos, são os alunos mais brilhantes", escreveu David Keirsey em *Please, understand me II*. E não só como alunos; também como professores. A história de vida de Mário Henrique Simonsen está aí para comprovar. Basta pesquisar.

Carioca, nascido em 19 de fevereiro de 1935, em uma família importante e culta, desde a infância demonstrou que teria uma carreira fulgurante pela frente. Na adolescência, como aluno do exigente colégio Santo Inácio, destacou-se no curso científico e, ao prestar vestibular para a Escola de Engenharia da Universidade do Brasil, tirou o primeiro lugar, obtendo nota dez em todas as disciplinas.

Seu conhecimento de matemática era notável, conforme asseguram seus contemporâneos, ex-colegas e ex-alunos. Assim que se formou, passou a lecionar no Instituto de Matemática Pura e Aplicada (Impa). Descobriu, cedo, que tinha gosto e facilidade para estatística. Decidiu que faria mestrado e, depois doutorado, em economia, ciência que o tornou um nome conhecido até fora do Brasil. Fez parte do *board* do Citigroup, importantíssimo conglomerado financeiro, e chegou a ser convidado pela Universidade de Harvard para lecionar nos Estados Unidos, mas não aceitou.

No Brasil, foi um dos responsáveis pela criação da Escola de Pós-Graduação em Economia (EPGE) da Fundação Getúlio Vargas, de que se tornaria diretor, em 1966, na qual ministrou cursos a diversas gerações de brilhantes economistas que, hoje, fazem parte do governo ou atuam em importantes organizações da iniciativa privada ou, ainda, no ensino. Carlos Ivan Simonsen Leal, seu sobrinho, também economista e professor da FGV, declarou em depoimento para a obra *Mário Henrique Simonsen – Um homem e seu tempo*, organizada por Verena Al-

Pessoas de Mente Brilhante (INTJ) são, normalmente, muito autoconfiantes. Este é o tipo mais pragmático dentre os dezesseis, sendo encontrado em 1% da população mundial. Destacam-se como construtores de sistemas e aplicadores de modelos teóricos.

berti, Carlos Eduardo Sarmento e Dora Rocha, que seu tio criou uma escola de pensamento econômico, e por ter "melhorado muito o ensino da economia no Brasil... a EPGE teve e tem uma influência brutal no desenvolvimento acadêmico da economia brasileira".

Refinado, culto e curioso – além de possuir raciocínio atilado e intuição privilegiada –, não demorou a ser descoberto pelo governo, fato lamentado por muitos de seus contemporâneos. Estes acham que se ele tivesse se dedicado inteiramente à Academia teria sido um dos mais importantes economistas do mundo. Condições intelectuais para isso, Simonsen tinha de sobra. Porém, não é próprio das pessoas de tipologia INTJ (intuitivos introvertidos com pensamento extrovertido) dedicar-se em tempo integral às Universidades ou à pesquisa. Por serem intuitivos, sua mente salta de um assunto para outro com enorme facilidade; os interesses variam, a rotina é penosa e os detalhes – próprios dos *papers* científicos e técnicos produzidos nas Academias – extremamente aborrecidos. Pessoas INTJ estarão sempre mais interessadas em sistemas, em consistência interna e externa, em liberdade de criação e aplicação prática, condição quase nunca encontrada dentro de uma Universidade.

Em 1974, o presidente Geisel convidou o professor Simonsen para o Ministério da Fazenda e seu sucessor, o presidente João Figueiredo, o chamaria para a Secretaria de Planejamento (Seplan) que, meses depois, ele abandonou por discordar de algumas diretrizes. Mesmo assim, sua competência continuou sendo levada em alta conta. A ponto de ser permanentemente consultado por presidentes da República, até sua morte, em 1997.

Deixando a esfera governamental, Simonsen retornou às suas aulas na EPGE e, logo depois, era convidado para fazer parte do *board* do Citigroup. O convite foi aceito com prazer porque o ex-ministro gostava de estratégias, mas não de gerenciar. Alcides de Souza Amaral, ex-presidente do Citibank no Brasil, conheceu Simonsen nessa época. Em seu depoimento para o livro citado disse que "foi o primeiro brasileiro a fazer parte do *board*. Tinha uma capacidade macro e era muito lúcido.

Nada de blá-blá-blá. Era muito direto, sensato, sabia o que queria. Sempre sobressaía, tinha ascendência, uma credibilidade muito grande. Fez história lá". Realmente, entre os pontos fortes dos tipos INTJ estão o poder de decisão, a independência, a visão de curto e longo prazos, a capacidade de enxergar randomicamente e a autoconfiança.

Destacam-se naturalmente em áreas como Engenharia, Direito, Pesquisa e Consultoria. Simonsen "passeou" em compassos diferentes por todas elas. A estas capacidades, derivadas da inteligência estratégica, aliaram-se uma extraordinária vocação didática e o senso de dever em relação ao preparo de recursos humanos na área de Economia, porque ele era um brasileiro preocupado com os rumos do país e as possíveis formas de ingresso no Primeiro Mundo. Combater a inflação, coibir os cartéis e abrir a economia ao exterior foram soluções que o ex-ministro aventou antes que outros economistas e governos as elegessem como prioridades.

Um de seus grandes admiradores foi o ex-presidente do Banco Central do Brasil, Armínio Fraga. No livro *Mário Henrique Simonsen – Um homem e seu tempo*, Fraga relata as primeiras impressões que o professor lhe causou: "Era uma pessoa adorável, generosa, com tempo disponível, com um senso de humor fantástico". Por ser introvertido e racional, Simonsen passava para quem não o conhecia a imagem de uma pessoa muito fria.

Armínio também recorda a facilidade de Simonsen para produzir textos diretamente na máquina de escrever. "Era uma cabeça absolutamente cartesiana. Dizem que ele batia aquilo de primeira, com a notação toda certinha, um grande computador humano."

O "computador humano" era quase uma máquina. Por isso, *workaholic*. Não ia a festas (a não ser a concertos e óperas sobre os quais chegou a escrever para a revista *Veja*). Preferia ficar em casa redigindo artigos para jornais e revistas, como *Exame*, ou jogando xadrez com Iluska, sua mulher. Aliás, usou a teoria dos jogos para explicar o processo inflacionário, particularmente os aspectos inerciais da inflação e como afetavam a economia brasileira.

Faleceu prematuramente, aos 62 anos, deixando órfã uma legião de economistas que sonhavam poder freqüentar suas aulas ou assistir às suas palestras, ministradas em seminários e congressos realizados no Brasil e no exterior. Daniel Dantas (doutor em Economia pela EPGE e pós-doutorado em Economia e Finanças pelo MIT, Cambridge) diz no livro referenciado que teve oportunidade de ter aulas com cinco laureados com o Prêmio Nobel, mas nunca viu "uma mente mais brilhante do que a do Simonsen. Não era brilhante. Era prodigiosa... uma capacidade imensa de armazenar informações, uma ordem mental fora do comum. Ele sabia tudo!"

RACIONAIS

MEMÓRIA – ENTP (INVENTOR)

ALBERTO SANTOS DUMONT,
O "PAI DA AVIAÇÃO"

Brasileiro de ascendência francesa (seu avô paterno foi François Dumont, que se casou com a filha de um ourives brasileiro e veio para o Brasil em 1820), Alberto Santos Dumont nasceu no sítio Cabangu, distrito de João Alves, Barbacena (MG), em 20 de julho de 1873. Era o sétimo filho do engenheiro Henrique Dumont, de Diamantina. Muito antes que o século findasse, a família se mudou para o Rio de Janeiro e, posteriormente, para São Paulo. Em Ribeirão Preto, o pai de Santos Dumont iniciou uma bem-sucedida plantação de café.

Desde pequeno, o garoto demonstrou interesse por máquinas e engenhos. Quando completou 18 anos, foi emancipado e enviado para Paris, para estudar. Na capital francesa, dedicou-se a todo tipo de esporte que envolvesse algum tipo de engenho ou máquinas, como o automobilismo e o motociclismo. Como a mesada fosse generosa, adquiriu um automóvel Peugeot, uma motoneta e um triciclo. Chegou até a promover uma corrida de triciclos que se tornou célebre.

Foi um período de vida leve. Além dos esportes, estudava mecânica, eletricidade, física e química, a conselho do pai, que achava desnecessário a um talento, como o dele, o estudo da engenharia.

Regressou ao Brasil em 1892, para o enterro do pai, e, cinco anos depois, instalava-se definitivamente na capital francesa. Novos interesses tomam conta de sua vida. Encantam-no os balões e o balonismo. Entra em contato com os melhores construtores da época, Lachambre e Machuron. Em companhia deste, Santos Dumont fez seu primeiro vôo de balão.

O brasileiro era um homem dotado de engenhosidade e racionalidade, características do tipos ENTP, ou intuitivos extrovertidos com pensamento introvertido, e não demorou a perceber as falhas dos primeiros protótipos.

Decidiu, então, projetar seu próprio balão. Levou-o a Lachambre para que o construísse. Tinha formato esférico; deu-lhe o nome "Brasil". De balão em balão, Santos Dumont aventou a possibilidade de desenvolver um dirigível. "Com Lachambre e Machuron ele muito aprendera sobre balões. Mas não lhe agradava a idéia de voar à deriva, sob os caprichos do vento", escreveu Márcio de Souza em *O brasileiro voador*. Ele soube aproveitar o insucesso de outros inventores e corrigir o que havia falhado até chegar aos dirigíveis. Entre suas teorias, esta foi uma das mais importantes: "Um corpo que se desloca através da atmosfera necessita gerar sua própria força para se livrar das correntes de ar", informa o biógrafo, concluindo: "Alberto conseguiu estabelecer a relação perfeita entre a potência do motor e o seu peso".

Batizou seus dirigíveis com as iniciais de seu sobrenome. O S.D. nº 1 subiu uma única vez ao ar, em 20 de setembro de 1898, mas era um avanço, porque incorporava um motor a gasolina para acionar as hélices. Depois, vieram os dirigíveis de números 2, 3, 4 e 5. Com o S.D. nº 6 conquistou, em 19 de outubro de 1901, o "Prêmio Deutsch", oferecido por Henry Deutsch, um magnata da indústria de petróleo. Era uma competição importante, em que se inscreviam os melhores inventores e pilotos. A láurea era dada ao primeiro aeronauta que conseguisse contornar a Torre Eiffel e retornasse ao ponto de partida, o aeródromo de Saint Claude, em trinta minutos. O dirigível de Santos Dumont, que ostentava a bandeira brasileira, levou exatos 29 minutos.

Com esse dirigível, o extrovertido Santos Dumont voou diversas vezes em Mônaco. Sofreu vários acidentes, mas os reveses não o fizeram desistir. Ao contrário, contribuíram para que ele aperfeiçoasse seu engenho e desenvolvesse o S.D. nº 7, o S.D. nº 8, o S.D. nº 9 e o S.D. nº 10, este com capacidade para muitos passageiros.

Dentre todos os dirigíveis que Petitsantôs – assim era chamado pelos franceses – desenvolveu, o de número 9 foi o mais famoso. Segundo escreveu J. O. Orlandi no livro *Vencendo o azul*, de 1935, era de manejo simples, obedecendo com docilidade ao comando e pousando em qualquer ponto. Com este aparelho, participou da parada de 14 de julho (data

Entusiasmados e curiosos, os Inventores (ENTP) dedicam-se a tudo que estimule seu interesse pela inovação. Mais do que os outros quinze tipos, enxergam facilmente as possibilidades de criar e recriar. Correspondem a cerca de 3% da população mundial.

em que se comemora a Queda da Bastilha), desceu ao lado do palanque do presidente da França e foi pessoalmente cumprimentá-lo.

Com seu talento consolidado no campo da dirigibilidade, era preciso encarar novos desafios. Santos Dumont passou a dedicar-se a um aparelho mais pesado que o ar. J. O. Orlandi conta que o brasileiro conseguiu seu intento ao utilizar o motor a petróleo e aletas laterais. "Estabeleceu a técnica do levantamento de vôo, isto é, arranque contra o vento." Foi no campo gramado de Bagatelle, onde treinou com o 14-Bis, que Petitsantôs conseguiu elevar-se acima do solo. Era dia 23 de outubro de 1906, e o feito foi muito comemorado: ele era o primeiro homem a levantar-se do chão por seus próprios meios e a planar na altura média de dois metros, num percurso de sessenta metros.

Santos Dumont escreveria na obra *Dans l'air* que não existia lugar como Paris para essas experiências. "Não há outro lugar onde o experimentador, nas suas relações com as autoridades, possa gabar-se de encontrar disposições tão liberais... Em Paris, encontrei construtores de aeróstatos, fabricantes de motores mecânicos, todos tão pacientes como peritos. Em Paris, fiz todas as minhas primeiras experiências. Em Paris, ganhei o Prêmio Deutsch no primeiro dirigível que executou em tempo limitado as condições de um programa."

O brasileiro não temia riscos. Aliás, é próprio dos NT possuir enorme sangue frio, mesmo nos momentos mais difíceis. Caiu muitas vezes em jardins alheios, como o da residência da princesa Isabel e de seu marido, Conde d'Eu, dos quais era grande amigo. Foi ela que lhe deu uma medalha de São Bento, para que o protegesse. Na dedicatória, a princesa escreveu: "Use-a na corrente do relógio, na carteira ou no pescoço. Ofereço-a pensando na sua boa mãe e pedindo a Deus que o socorra sempre e lhe ajude a trabalhar para a glória de nossa Pátria".

Em *Dans l'air*, Santos Dumont conta que não havia tempo para sentir medo. Estava sempre ocupado. "Tinha de manter-me constantemente no leme e, ao mesmo tempo, examinar o motor, zelar pela rigidez do balão, exercer o controle da altitude, manobrar o *guiderope*, garantir uma assistência permanente à bomba de ar ligada ao motor, não esquecer da poupança do lastro e do deslocamento dos pesos." Quanto à pátria, Santos Dumont foi o precursor dos atletas que desfilam com a bandeira brasileira em dias de vitória. Seus balões e dirigíveis sempre ostentaram o pavilhão nacional.

Quando faleceu, o então presidente da República, Getúlio Vargas, em seu elogio fúnebre, lembrou que "Santos Dumont, além de inventor da direção dos balões e do vôo mecânico, estreitou os laços entre as nações e cooperou para a paz e a solidariedade entre os povos". Em relação à solidariedade, basta lembrar que um de seus primeiros e mais caros prêmios, o Deutsch, foi repartido entre seus auxiliares e os trabalhadores desempregados de Paris.

Sociável, educado e intelectualmente refinado, era sempre bem recebido nos salões da alta sociedade parisiense, carioca ou paulistana. Inúmeros livros relatam que teve uma paixão por Yolanda Penteado, que incomodava muito Assis Chateaubriand. Este pretendia casar-se com ela. Para vingar-se do inoportuno jornalista – que aparecia sempre nos momentos menos adequados – Santos Dumont deu a ele uma entrevista exclusiva para a edição de lançamento do *Diário de S. Paulo*, em janeiro de 1929.

Na matéria, dizia que embarcaria no final do mês para a Suíça onde testaria um novo engenho, o "transformador marciano". Acoplado aos ombros, o transformador era como um par de asas, que transmitia energia aos músculos, permitindo aos usuários escalar escarpas, montanhas e ladeiras sem qualquer esforço adicional. A entrevista, escrita pelo próprio Chateaubriand e reproduzida em parte no livro de Fernando Morais (já citado), ressaltava: "Quem tiver amanhã nas omoplatas o Transformador Marciano poderá galgar o Pão de Açúcar como se andasse na avenida Paulista". Uma tremenda "barriga"!

Os aviões não foram seus únicos inventos. Gostava de arquitetura. Sua residência, em Petrópolis (RJ), hoje museu, ostenta algumas de suas invenções, sendo a mais curiosa a escada em forma de raquete, que obriga o pedestre a iniciar a subida com o pé direito. Apesar de racional, o "pai da Aviação" também tinha lá suas superstições...

RACIONAIS

MEMÓRIA – INTP (ENGENHEIRO)

LINA BO BARDI, ARQUITETA LIBERTÁRIA

Pessoas de tipologia INTP (pensamento introvertido com intuição extrovertida) distinguem-se dos demais tipos por conseguirem fazer uma interpretação mental dos espaços de forma coerente e harmoniosa. Além disso, reconhecem rapidamente as consistências e os padrões, condição que lhes faculta formular sistemas com grande facilidade. Por reunirem todas essas qualidades, foram denominadas por Keirsey engenheiros, referindo-se essa denominação tanto àqueles que se dedicam à arquitetura física como aos formuladores de sistemas religiosos, matemáticos, físicos, sociológicos, psicológicos etc.

Para completar a galeria de perfis desta obra, poderíamos ter escolhido personalidades como Le Corbusier (pseudônimo de Charles Edouard Jeanneret, arquiteto franco-suíço, que trabalhou no Brasil), pioneiro da arquitetura moderna; ou Ramos de Azevedo, que, embora do século dezenove, deixou obras monumentais em São Paulo, ainda hoje reconhecidas como das mais importantes da História.

Preferimos, no entanto, destacar Achillina Bo, arquiteta italiana que fez sua carreira no Brasil e foi responsável pela introdução de novos conceitos nessa área: funcionalidade, luz natural, circulação livre, ampliação dos espaços e, principalmente, no que diz respeito a museus, uma visão antropológica, quer dizer, centrada no Homem.

Outra razão, ainda, levou à escolha de seu nome para representar os engenheiros: seu casamento com Pietro Maria Bardi, jornalista e *marchand* italiano (ou um aventureiro – como o denominou Assis Chateubriand, tão logo o viu e convidou para dirigir o Museu de Arte Moderna de São Paulo, que queria montar no segundo andar do novíssimo prédio dos Diários Associados, na Rua Sete de Abril). Bardi tinha o temperamento do *promoter* (ESTP) e sua união com Lina foi funda-

Engenheiros (INTP) apresentam alto grau de precisão no modo de pensar e de exprimir idéias e, a par disso, são dotados de intuição privilegiada e independência. Criativos, enxergam facilmente padrões e consistências. Apenas 1% da população é INTP.

mental para a projeção dela como arquiteta e professora (lecionou na Faculdade de Arquitetura e Urbanismo da Universidade de São Paulo).

Curiosamente, Bardi e Lina passavam pelo Brasil em viagem de lua-de-mel em fins de 1946. Em uma festa, conheceram o dono dos Diários Associados. Chateaubriand fez o convite a Bardi, para dirigir o Museu de Arte de São Paulo (Masp), de bate-pronto e, embora o italiano lhe dissesse que nada entendia de museus, o sagaz Chatô lembrou-lhe que estava casado com uma arquiteta. Lina ficou atordoada – conforme disse em documentário disponível no Instituto Lina Bo e P. M. Bardi. "Era um pessoal desaforado, ordinário, maravilhoso... Reencontrei aqui as esperanças das noites de guerra. Estava feliz e aqui não tinha ruínas." Ela estava fascinada pela alegria e pela possibilidade de viver em um país que não passara pelas desgraças da Segunda Guerra Mundial.

Além disso, tinha liberdade para trabalhar. Limitada em uma Itália fascista, pôde cumprir no Brasil o que considerava ser missão da arquitetura: transformar a vida. "O museu de arte deve se dirigir às massas", dizia. Aliás, museu era uma palavra de que não gostava. Sugeria, segundo pensava, poeira, mofo. Ela queria locais cheios de vida, debates, novidades. Enfim, mais que museus, centros de cultura e diversão, espaços de múltiplas utilidades.

Seu primeiro desafio foi montar o Masp em uma área acanhada – apenas mil metros quadrados – constando de pinacoteca, local para exposições didáticas, auditório e espaço para exposições periódicas. Foi seu cartão de apresentação. Logo seria chamada para reformar um antigo engenho de cana-de-açúcar, o Solar do Unhão, em Salvador, em que enxergou uma oportunidade de abrir espaço à arte popular e aos estudos étnicos, para a região Nordeste.

Na mesma época, final da década de 1950, iniciou-se a construção da nova sede do Masp, na avenida Paulista, obra que até hoje provoca grande impacto pela imponência. Foi no projeto do novo Masp que a arquiteta pôde ousar e mostrar suas concepções arrojadas de utilização do espaço público. A começar pelo enorme vão livre (78 metros), para não prejudicar o belvedere que se espraia sobre o vale abaixo da avenida. Na Pinacoteca, de 2.100 metros quadrados, ela enfatizou o senso de espaço, e de comodidade, e privilegiou a iluminação: natural durante o dia – graças às enormes janelas de vidro – e à noite por lâmpadas de vapor de iodo, que refletem sobre o teto branco. Os que estavam acostumados à arquitetura clássica criticaram principalmente o modo como as obras eram apresentadas: em painéis de vidro dando a impressão de estarem suspensas no ar. Por trás de cada uma constavam os dados, também uma novidade, posto que os freqüentadores de museus, até então, dispunham das informações ao lado das obras, sobre as paredes.

A arquiteta italiana também foi revolucionária ao reformar antigas fábricas, transformando-as em espaços culturais e, em 1951, quando o bairro do Morumbi era deserto, construiu ali seu lar, a "Casa de Vidro", hoje sede do Instituto que leva seu nome e o de Pietro Bardi. A casa está em um terreno de sete mil metros quadrados e, atualmente, além da construção arrojada para os padrões da época, abriga espécies vegetais raras da antiga Mata Atlântica. Está tombada pelo Patrimônio Histórico.

Naquele mesmo ano, Lina Bo Bardi adotou a cidadania brasileira. Na oportunidade, declarou que "quando a gente nasce, não escolhe nada, nasce por acaso. Eu não nasci aqui, escolhi esse lugar para viver. Por isso, o Brasil é meu país duas vezes, é minha 'Pátria de Escolha' e eu me sinto cidadã de todas as cidades".

Criativa, independente, autônoma – como é comum entre pessoas INTP (pensadoras introvertidas com intuição extrovertida) –, criou um estilo de trabalho e de vida que seguiu até sua morte em 1992, demonstrando coerência e fleuma. Das críticas, passava ao largo. Deixou para o futuro a expressão viva de sua engenhosidade e talento em obras monumentais, em museus provocantes, em centros culturais onde a arte pulsa livremente.

Pietro Maria Bardi – apesar de catorze anos mais velho – sobreviveu a ela outros sete. Faleceu em 10 de outubro de 1999, completando quase um centenário de vida. Juntos, foram responsáveis pelas principais transformações da arquitetura e pelo movimento na arte brasileira, na segunda metade do século vinte. O país adquiriu *status* mundial, hajam vista os sites estrangeiros que mostram as obras que Lina construiu no Brasil. Sem desmerecer nomes como Lúcio Costa e Niemeyer, geniais nos projetos que levaram a termo, Lina deixou seu nome gravado na História como arquiteta cujas obras engrandecem as cidades onde se situam.

CAPÍTULO 7

Peculiaridades sobre temperamentos e tipos psicológicos

Apesar do nosso compromisso de apresentar com clareza os temperamentos e os tipos psicológicos, a abordagem, por ser complexa, poderá suscitar algumas dúvidas e perguntas nas mentes mais críticas ou mais curiosas. Por isso, consideramos útil incluir algumas peculiaridades sobre os tipos. Por exemplo, o modo como são vistos pelos que deles diferem, a maneira como se inserem no mercado de trabalho, como se comportam nos relacionamentos, práticas religiosas etc. Essa escolha foi inspirada em questões que costumam ser levantadas durante palestras que ministramos e, também, nas devolutivas face a face, em sessões individuais de aconselhamento.

Os tipos sensoriais são mesmo maioria?

Levando em conta o número de acessos mundiais ao site de David Keirsey e respostas ao inventário de tipos nele incluído, 85% da população mundial é sensorial. Na maior parte dos países, observa-se quase um empate entre pessoas de temperamento SP e SJ (40% a 45%), registrando-se pequenas oscilações ora para um grupo, ora para outro.

Quanto à população brasileira, não existem pesquisas a esse respeito. O que se tem são resultados da aplicação do Inventário de Tipos de Myers-Briggs, reunidos pela Right Saad Fellipelli. Embora essa empresa tenha em seus arquivos um número considerável de respostas, estas não podem ser utilizadas para "determinar" quais são os tipos predominantes na população. Publicam-se adiante algumas estatísticas fornecidas pela Right, referentes a aplicações em empresas, feitas por profissionais por ela qualificados.

A prevalência dos tipos pensadores e julgadores (TJ) é inquestionável nessas estatísticas. Porém, a observação e a aplicação do MBTI®, principalmente na população mais jovem (estudantes e profissionais autônomos, da área de serviços e do comércio), levam-nos a acreditar que os artesãos predominam no Brasil (possivelmente cerca de 50% da população). Entre os indícios observáveis estão o hedonismo do povo brasileiro, traduzido na sensualidade, na expressividade artística, na inteligência corporal e cinestésica, própria de atletas (principalmente jogadores de futebol, pilotos de competição, boxeadores e ginastas, dançarinos e sambistas), na ginga e no molejo da maior parte do povo, na habilidade para inventar ritmos e tocar instrumentos, no humor escrachado, na ânsia de viver o presente e no culto ao corpo.

Além disso, a maior parte gosta de misturar-se com outros povos (miscigenação). Em termos profissionais, muitos são empreendedores ou trabalham por conta própria, porque têm horror a horários, regras e regulamentos. Como artesãos, em sentido lato, seu trabalho atinge, muitas vezes, o nível do virtuosismo, a ponto de a arte popular estar conquistando espaços no mercado internacional.

Os SJ, que formam a outra banda dos sensoriais, constituem o grupo mais importante na imensa maioria dos países, porque detêm o poder econômico, político (na maior parte do tempo) e social. Governam Estados e nações, dirigem bancos e instituições financeiras e administram as grandes organizações. São proprietários da maior parte dos recursos naturais e daqueles criados pelo homem, têm grande poder de influência no mercado mundial, nas religiões e na mídia. São tipos estáveis, conservadores, que ditam normas e regulamentos. Gostam de ser reconhecidos como pertencentes a uma família (o sobrenome, quase sempre, é muito importante), prezam a tradição e os símbolos de *status*.

Consideram-se provedores e protetores. São, de fato, mas isso significa que também são vigilantes e disciplinadores (supervisores e inspetores). Protegem seu território e seu patrimônio e, dentre os quatro temperamentos, são os mais patriotas. Os tipos T (pensadores) são muito aguerridos, enquanto os tipos F (sentimentais) preferem a paz e gostam de cuidar dos outros. Essa característica também é notável entre pessoas de temperamento SP. Enquanto os ESTP e os ISTP são competitivos, os tipos ESFP e ISFP são mais interessados em fazer arte e vê-la apreciada pelas pessoas.

Quanto ao fato de a maioria da população encontrar-se no grupo dos sensoriais (SP e SJ), as razões podem ser encontradas na História e na cultura. Os sensoriais SJ foram denominados materialistas por Aristóteles. Material, neste caso, significa matéria, algo físico, palpável, armazenável. As primeiras necessidades humanas foram/são materiais: o alimento, o fogo, a casa, o dinheiro, as armas (para caçar e defender-se). Para os SP, as necessidades básicas – além das citadas – incluem a utilização do corpo para obtenção de prazer, seja por intermédio do sexo, da comida e da bebida, da arte, do esporte ou da luta.

A intuição (N), função oposta à sensação (S), só "recentemente" começou a ganhar destaque e, para esse reconhecimento, muito contribuíram os cientistas e inventores, notadamente os físicos. A partir de Descartes – que privilegiou o pensamento (raciocínio lógico) em detrimento do sentimento mas também atribuiu grande importância à intuição – esta função mental começou a ser considerada tão decisiva para o desenvolvimento das ciências quanto a observação e a experimentação (processos sensoriais). A dificuldade em aceitar a intuição, pela maioria das pessoas, está no fato de esta ser de natureza abstrata, não observável nem quantificável, e por necessitar de validação posterior. Um exemplo prosaico: antes que a população mundial pudesse sentar-se diante de um receptor de televisão e ver com seus próprios olhos as imagens de um programa gerado a quilômetros de distância, a imensa maioria da humanidade duvidava que fosse possível desenvolver um invento com essas características e possibilidades.

Por que as pessoas intuitivas são vistas, muitas vezes, como lunáticas?

Jocosamente, Keirsey denominou os tipos sensoriais (SP e SJ) terrestres – porque ligados ao concreto, ao palpável – e os intuitivos (NF e NT), extraterrestres ou marcianos (do mesmo modo que, alegoricamente, denominamos os sensoriais herdeiros da Terra e os intuitivos exilados de Vênus e de Júpiter). Estes, por preferirem viver no mundo das abstrações, parecem ser oriundos de outros planetas. O contingente é pequeno. Não mais que 15% da população mundial, sendo metade pensadores intuitivos (NT) e metade sentimentais intuitivos (NF).

O modo de estar no mundo faz enorme diferença não apenas quando se coteja a visão de um tipo sensorial com a de um intuitivo. Também quando se comparam as visões de cada temperamento, observa-se quão singular é o modo como cada um entende seus papéis (os capítulos anteriores mostraram esse aspecto) e a maneira como enxergam uns aos outros. Por terem visões de mundo muito diferentes, não se deve estranhar quando os sensoriais se referem aos intuitivos como lunáticos. Adiante, comenta-se como os temperamentos "vêem" uns aos outros.

Por que os tipos SP não são compreendidos?

Esta "reclamação" é feita, quase sempre, pelos próprios SP (Artesãos) e dirige-se aos tipos SJ (Guardiães). Tem a ver com o fato de a vida diária ser regulamentada e comandada, na maior parte dos países, por pessoas de temperamento SJ (guardiães das leis, da ordem, dos costumes, das riquezas). Embora os dois grupos sejam sensoriais, os SP divergem dos SJ em muitos aspectos (o principal é o fato de os SP usarem sempre a sensação no mundo externo, enquanto os SJ preferem utilizar o julgamento). Para a maior parte daqueles, é difícil a adaptação a um mundo em que predominam valores do segundo grupo.

Já na infância, tipos SP demonstram um temperamento agitado, extrovertido (interagem com outras pessoas e o mundo), usam bastante o corpo, apreciam música, dança e esportes. Em geral, preferem brinquedos que tragam algum tipo de desafio físico e, tão logo a musculatura das pernas permite, envolvem-se em atividades como corridas, empinar pipas, andar de *kart* e *skate* ou jogar futebol.[1] Costumam ser alegres, comunicativos e hábeis para manejar instrumentos ou máquinas.

A adolescência é um período difícil para rapazes e garotas de tipologia SP, porque terão de definir-se em relação a uma profissão ou carreira e o "menu" tradicional dificilmente os atrai. Por terem espírito empreendedor, preferem montar seus próprios negócios, geralmente em carreiras não-tradicionais. Encaminham-se, com freqüência, para profissões relacionadas com artes e ofícios, esporte, comunicação, marketing, jornalismo e literatura. Muitos também se sentem atraídos pela política.[2]

Para pais SJ e mesmo NT o ideal seria que seus filhos se dirigissem para profissões tradicionais e reconhecidas, como engenharia, direito, medicina, administração de empresas ou carreiras modernas, que costumam trazer prestígio e dinheiro: analistas de mercado de capitais, analistas financeiros, engenharia genética, computação e informática, ou seja, áreas com grande potencial de crescimento. É, principalmente, nesse momento que as divergências se acentuam. Os pais SJ são invadidos pela sensação de terem fracassado, e os jovens SP sentem-se incompreendidos e rejeitados.

Por que tendemos a criticar quem é diferente?

A resposta a esta questão é simples: porque é muito fácil aceitar quem é do nosso "time", tem afinidades conosco, valoriza aquilo a que também damos valor. Pessoas com visão ampla, no entanto, conseguem enxergar as qualidades dos tipos diferentes ou opostos e engendrar parcerias em que as diferenças são vistas como complementaridades.

Eis como, de modo geral, os temperamentos enxergam uns aos outros:

Tipos SP são vistos pelos outros como:
- Arrojados
- Talentosos
- Determinados
- Otimistas
- Divertidos
- Competitivos
- Espontâneos
- Autoconfiantes
- Charmosos
- Sociáveis

Mas também como:
- Imprevidentes
- Oportunistas
- Impetuosos
- Superficiais
- Extravagantes
- Egoístas
- Vaidosos
- Ávidos
- Inconstantes
- Exibicionistas

Temperamento SJ

Desde pequenas, pessoas de temperamento SJ constituem o grupo de alunos mais aplicados da escola. Saem-se bem nas provas (quase sempre, são suplantados somente por tipos NT e, às vezes, por NF), comportam-se de forma adequada, porque aceitam de bom grado a disciplina, a rotina e o regulamento interno, cuidam do material escolar, respeitam a hierarquia, apreciam os rituais cívicos e orgulham-se de mostrar aos pais boletins com boas notas. Sua adaptação à escola também se deve ao fato de os currículos escolares estarem mais de acordo com suas tendências naturais. O contrário acontece com os SP: quase nada no currículo leva em conta suas inclinações, a não ser os esportes, as aulas de artes e a política no Centro Acadêmico. Ao crescer, os SJ obtêm uma vantagem adicional: o mundo em que viverão foi, em grande parte, construído para pessoas como eles. Geralmente, encaminham-se para profissões valorizadas pelo mercado.

Tipos SJ são vistos pelos outros como:

- Trabalhadores
- Comprometidos
- Benemerentes
- Devotados
- Patriotas
- Vigilantes
- Participantes
- Esforçados
- Respeitosos
- Responsáveis

Mas também como:
- Autoritários (mandões)
- Julgadores
- Donos da verdade
- Rudes
- Orgulhosos
- Preconceituosos
- Corporativistas
- Nepotistas
- Materialistas
- Possessivos

Temperamento NF

Crianças de temperamento NF são muito apreciadas na escola. Costumam ser entusiasmadas e motivadas, contribuindo também para motivar os colegas. Interagem com os professores em sala de aula e são hábeis para resolver conflitos ou intermediar relacionamentos, promovendo a harmonia. Os professores também podem contar com elas para ajudar alunos atrasados ou com ritmo de aprendizagem mais lento. Algumas têm tendência a desligar-se durante a aula (apreciam o devaneio). Quando crescem, encaminham-se para Humanidades ou áreas em que possam atuar diretamente sobre as pessoas, motivando-as e ajudando-as em seu crescimento. É comum que abracem o magistério, a psicologia, a pedagogia, a terapia. Outras preferem defender causas humanitárias ou ecológicas e encaminham-se para o direito e a diplomacia. Às vezes, abandonam essas áreas para trabalhar no campo das artes e da literatura.

Os outros tipos vêem os NF como:
- Humanitários
- Calorosos
- Caridosos
- Entusiasmados
- Éticos
- Íntegros
- Antenados
- Perspicazes
- Versáteis
- Comprometidos

Mas também como:
- Perfeccionistas
- Lunáticos
- Sonhadores
- Supersensíveis
- Românticos
- Enigmáticos
- Ressentidos
- Complexos
- Místicos
- Arredios

Temperamento NT

Desde a infância, pessoas com temperamento NT revelam especial apreço pelo comando (alguns autores referem-se a elas como controladores). Têm curiosidade científica natural bem como atração pela tecnologia. Preferem brinquedos que desafiem sua imaginação e raciocínio, como jogar xadrez, montar quebra-cabeças, modelos e maquetes, por exemplo. Muitas vezes, fazem seus próprios brinquedos que, quase nunca, são simples. Ao contrário, incorporam alguma tecnologia, mesmo que incipiente. Também gostam de jogos, mas dificilmente se envolvem com eles seriamente; encaram-nos somente como esporte. A exceção são os matemáticos que ganham dinheiro inventando jogos para computadores. Suas leituras preferidas, salvo raras exceções, recaem sobre ficção científica e livros de aventuras com enredos complexos. Quando crescem, passam a interessar-se por literatura científica ou técnica. Encaminham-se para áreas relacionadas com a tecnologia e a pesquisa e escolhem profissões em que possam aprender continuamente. Os NT costumam ser céticos, pragmáticos e não aceitam nada como absoluto. Normalmente, são engenhosos, autônomos e decididos.

Os outros tipos vêem os NT como:
- Inteligentes
- Rápidos
- Persistentes
- Solucionadores de problemas
- Autoconfiantes
- Competentes
- Estrategistas
- Sabichões
- Engenhosos
- Criativos

Mas também como:
- Frios
- Insensíveis
- Distantes
- Impacientes
- Arrogantes
- Teimosos
- Sem noção de tempo
- Autoritários
- Desligados
- Esquisitos

Por que as pessoas encaram o amor de forma diferente?

Depois da vocação e da profissão, o tema que mais chama a atenção das pessoas que se interessam pelo estudo dos tipos é o casamento, ainda que não com este rótulo. O relacionamento amoroso – e também as relações com filhos – é uma preocupação freqüente, especialmente entre as mulheres (talvez porque elas não se pejem em desvelar sentimentos íntimos).

As relações afetivas são examinadas por nós nas obras *Amor: seus enigmas, tramas e possibilidades* e *O amor amordaçado*, mas nestes livros a abordagem leva em conta a psicologia arquetípica, de base mitológica. Isso não quer dizer que não se possam tirar conclusões quanto a afinidades e conflitos amorosos no âmbito dos temperamentos, tal como fizeram Keirsey e Stephen Montgomery, que dirigem o "Projeto Pigmalião", na Califórnia.

Que os opostos se atraem já foi comprovado por diversos estudiosos do comportamento amoroso. Isso ocorre quando há desejo e, às vezes, paixão. Relacionamentos prolongados, no entanto, estão lastreados em afinidades: o par precisa ter aspectos em comum, como interesses e princípios. Não é necessário que pertençam à mesma tipologia ou temperamento. Aliás, é comum que pessoas muito parecidas, depois de algum tempo, se entediem, briguem e terminem o relacionamento.

O que temos observado em sessões de aconselhamento é que os tipos complementares são os que conseguem levar adiante relações mais duradouras e gratificantes. Assim, os alegres, destemidos e imprevidentes SP (Artesãos) encontram nos previdentes e provedores SJ (Guardiães) o complemento perfeito. Estes garantem a estabilidade que o SP dificilmente encontra, propiciam os bens materiais e mantêm a união nos trilhos. Os SP, por sua vez, contribuem com seu otimismo, determinação e autoconfiança para que os SJ avancem em seus projetos de vida.

Por outro lado, os Racionais (NT) costumam sentir-se atraídos pela vivacidade e sensualidade dos Artesãos (SP), e estes, quase sempre, admiram a engenhosidade daqueles. Casamentos entre esses temperamentos opostos não são tão raros assim. No entanto, dificilmente duram. Os SP ressentem-se da falta de atenção dos NT, normalmente ocupados com projetos e estudos, e os NT reclamam da "sociabilidade" dos SP, o que significa fazer e participar de festas que, para os Racionais, são quase sempre aborrecidas. Pessoas SP costumam, depois de algum tempo, achar os NT chatos, enquanto estes rotulam os SP como frívolos.

Já os tipos Idealistas (NF) costumam ter relacionamentos positivos com Guardiães (SJ). Eles têm um importante ponto em comum: gostam de cooperar com os outros. Enquanto os SJ se preocupam com aspectos materiais, os NF estão atentos ao bem-estar psicológico e espiritual. Tipos SJ podem ser bons esposos de pessoas NF, principalmente de poetas e escritores, que têm mais dificuldade em vender seu trabalho. Para os SJ, que valorizam reconhecimento, ter um companheiro que faz sucesso no mundo das letras é motivo de satisfação. Além disso, os dois temperamentos são bastante preocupados com ética.

Apesar disso, pessoas com tipologia NF dão-se melhor com os Racionais (NT). Ambos operam no mesmo *habitat*, o das abstrações, dos símbolos e das idéias. Têm interesses que estão além do mundo material (tão caro aos SP e aos SJ). Tipos NT apreciam a capacidade de sonhar dos NF e sua preocupação com a defesa de causas humanitárias e cuidados com as pessoas. Os NF, por sua vez, sentem-se confortáveis com a calma e a autonomia dos NT e prezam a troca de idéias, o *feedback* intelectual. Como ambos não dão muito valor às aquisições materiais, podem viver de forma frugal sem maiores constrangimentos. O aspecto financeiro somente os preocupará quando for um obstáculo ao progresso intelectual ou à aquisição de conhecimento (cursos, viagens, livros, filmes).

Há outro aspecto, relativo aos relacionamentos, que deve ser destacado: o modo como cada temperamento se envolve. Dentre todos os tipos, os do grupo SP são os que mais se apaixonam (paixão física, sobretudo) e essa característica faz com que os outros os vejam como volúveis e inconstantes. Os SJ estão entre os que mais se casam e mantêm o casamento por toda a vida, justamente porque valorizam o matrimônio como instituição. Os NF são os que mais se enamoram e idealizam os relacionamentos. Isso talvez explique por que os maiores poetas líricos pertençam a esse grupo. Os NT são os menos preocupados com namoro, romance e casamento; por essa razão, tendem a ser escolhidos e não a escolher namorados, companheiros e esposos.

Por que os tipos TJ são os preferidos pelas empresas?

A resposta é simples: porque se empenham tenazmente para cumprir as metas propostas pelas organizações. Em um mundo dominado pela filosofia empresarial em que impera a administração por objetivos, os tipos ESTJ (supervisores) e ISTJ (inspetores) são os mais empregáveis (ver estatísticas adiante). Por outro lado, com o advento da liderança estratégica – muito em moda atualmente – os tipos ENTJ (marechais de campo) e INTJ (mentes brilhantes) passaram a encabeçar os quadros de comando das grandes corporações em âmbito mundial.

Sabe-se que no Ocidente (Estados Unidos, Canadá, México e Brasil) e também no Oriente (Japão, especialmente) os tipos ESTJ e ISTJ são os mais encontrados em cargos de comando nas empresas de padrão mundial. Os ISTJ são os favoritos nos Estados Unidos e no Japão. Em empresas brasileiras de grande porte nas quais foi aplicado o MBTI® (Myers Briggs Type Indicator) observou-se o seguinte quadro:

Distribuição dos temperamentos psicológicos em empresas

Temperamentos	Quantidade	%
Guardiães (SJ)	21.963	43,32
Racionais (NT)	16.200	31,96
Artesãos (SP)	7.167	14,14
Idealistas (NF)	5.366	10,58

Fonte: Right Saad Fellipelli.

Na amostra acima, de que fizeram parte 50.696 pessoas, o maior contingente é o dos SJ (43,3%), seguidos pelos NT (32%; arredondado); depois vêm os SP (14,1%) e, finalmente, os NF (10,6%). Outra amostragem recente, divulgada pela Right Saad Fellipelli, englobou 73.831 pessoas, no Brasil. Em relação aos percentuais, não se registraram mudanças significativas. Tais estatísticas devem ser interpretadas levando em conta que a maioria das pessoas que responderam ao inventário de tipos (MBTI®) era procedente de indústrias e instituições financeiras. As razões para o menor percentual de pessoas com tipologia SP e NF são facilmente dedutíveis. Pessoas de temperamento SP não são estáveis, detestam a rotina, regras, regulamentos, horários rígidos, agenda. Sentem-se melhor trabalhando em empresas menos estruturadas nas quais possam dar vazão ao seu espírito empreendedor, à sua energia e criatividade. Não se importam em trabalhar muitas horas, desde que a atividade proporcione prazer. Grande parte tem empresas próprias.

Pessoas de tipologia NF, por sua própria natureza, encaminham-se preferencialmente para o ensino, o jornalismo, a literatura, a terapia, o aconselhamento, a arte, o direito. Em empresas, são insubstituíveis para liderar e desenvolver pessoas (mas não projetos ou empreitadas que envolvam metas quantitativas), motivá-las, compreendê-las, valorizá-las. Como os grandes conglomerados, hoje, são altamente competitivos, não há muito espaço para sentimentos como apoio, compreensão, tolerância, cooperação, ou seja, inteligência emocional, característica não só dos NF mas de todas as pessoas F (ESFP, ISFP, ESFJ, ISFJ).

Amostragem por tipo em empresas pesquisadas (2005)

ISTJ 15%	ISFJ 3%	INFJ 1%	INTJ 6%
ISTP 4%	ISFP 1%	INFP 2%	INTP 4%
ESTP 7%	ESFP 2%	ENFP 3%	ENTP 8%
ESTJ 23%	ESFJ 3%	ENFJ 3%	ENTJ 14%

Fonte: Right Saad Fellipelli.

Pode-se confiar nos inventários sobre tipos psicológicos em vigor no Brasil?

Todos os instrumentos de identificação de temperamentos e tipos requerem validação por entidades certificadoras. Deve-se ter cautela em relação a resultados decorrentes de inventários adaptados daqueles utilizados internacionalmente.

É possível saber cedo quais são as áreas "certas" para trabalhar?

Se as pessoas não forem muito influenciadas pelo ambiente, elas se encaminharão naturalmente para atividades que tenham afinidade com o seu tipo psicológico. Está comprovado que uma pessoa somente se realizará e encontrará felicidade no trabalho se fizer escolhas coerentes com seus talentos, interesses e visão de mundo. Há tipos que podem escolher em um amplo espectro de profissões. Os tipos ENFP, INFP e ENTP podem atuar com êxito em campos bastante diversos, como ciências exatas, ciências humanas, literatura, comunicação e artes.

Em algumas pessoas, a definição da área de interesse surge cedo (particularmente entre os Artesãos). Às vezes, ainda no ensino fundamental. Para outros, a descoberta da vocação configura uma epifania: para Irmã Dulce, ela aconteceu no dia em que visitou os excluídos do bairro de Alagados. Para Ernesto Che Guevara, que estudava Medicina pensando em salvar vidas, ocorreu durante a viagem de motocicleta com Alberto Granado, pela América Latina, que o fez perceber que sua missão era muito mais ampla. A maioria das pessoas, no entanto, precisa amadurecer para poder fazer escolhas satisfatórias. Tivemos oportunidade de orientar alunos do ensino superior que estavam totalmente infelizes nos cursos que freqüentavam, porque haviam feito escolhas baseadas em tendências do mercado de trabalho, influência familiar e "modismo". Todos trocaram de curso e se declararam realizados nas novas carreiras que escolheram, levados unicamente por suas disposições naturais. Boa parte desses jovens se transformou em profissionais brilhantes, porque tiveram oportunidade de exercitar seus dons e trabalhar com prazer.

Profissionais de destaque (não importa a área de atividade) devem a maior parcela de seu sucesso a esses fatores. Está comprovado que pessoas talentosas não são produto de formação (embora esta ajude), mas de uma feliz combinação entre temperamento, dons (inteligências) e ambiente. Quanto mais cedo uma pessoa descobrir quais são seus talentos, melhor. Muitas vezes, eles são reconhecidos por um mentor. Uma vez descobertos, precisam ser lapidados para fulgurar. Isto é particularmente notável entre os artistas e os atletas, mas vale igualmente para outras carreiras.

O quadro da página seguinte mostra quais são as áreas predominantes nas escolhas livres dos dezesseis tipos psicológicos. O rol de profissões pode ser muito ampliado se forem consideradas as novas carreiras recentemente introduzidas no mercado, que não figuram no quadro por falta de pesquisas de campo.

ISTJ	ISFJ	INFJ	INTJ
Administração	Saúde pública	Psicanálise	Direito (teoria do)
Gerência	Pré-escola	Terapias em geral	Des. organizacional
Seguros	Serviços sociais	Literatura	Matemática pura
Segurança	Enfermagem	Magistério	Pesquisa científica
Auditoria	Biblioteconomia	Consultoria	Tecnologia
Contabilidade	Defesa civil	Canalização/PES	aplicada
Investigação	Secretariado	Clero	Engenharia
Exército	Serviços de bordo	Serviços religiosos	Ensino

ISTP	ISFP	INFP	INTP
Esportes	Pintura/Escultura	Aconselhamento	Organização
Ecologia	Coreografia	Terapias em geral	Metodologia
Turismo	Fotografia	Ensino	Engenharia
Pesquisa	Cinematografia	Literatura	Arquitetura
Pilotagem	Cirurgia	Interpretação	Psiquiatria
Educação física	Ortodontia	Dramaturgia	Ensino (3º grau)
Investigação	Clínica geral	Treinamento (RH)	*Design*

ESTP	ESFP	ENFP	ENTP
Marketing	Entretenimento	Jornalismo	Computação
Vendas/Negócios	Estética/Moda	Relações públicas	Jornalismo
Show business	Vendas	Psicologia	Marketing
Jornalismo	Arte dramática (TV)	Literatura (poesia)	Engenharia
Hotelaria	Música (cantores)	Diplomacia	Invenção
Política	Mágica/Mímica	Ensino	Relações públicas

ESTJ	ESFJ	ENFJ	ENTJ
Direção de	Educação	Diplomacia	Presidência
empresas	Vendas	Ensino	Direção de
Administração	Nutrição	Terapia	empresas
Advocacia	Saúde pública	*Mentoring*	Forças armadas
Promotoria	Administração	Tutoria	Engenharia
Ensino técnico	Política	Gestão de pessoas	Planejamento estratégico
Política	Terceiro setor		

Por que, em determinadas áreas de atuação, encontram-se profissionais de todos os temperamentos?

De fato, existem áreas de trabalho em que todos os temperamentos são "admitidos". Normalmente, são campos que oferecem grande diversidade de atuação, o que permite a utilização de múltiplos talentos. Entre elas, podem ser citados o ensino, a literatura e o jornalismo. A explicação está no predomínio da inteligência lingüística (a mais democraticamente distribuída por toda a humanidade), que é fundamental para o exercício dessas profissões. O ensino apresenta várias facetas. Um professor de ensino elementar encarrega-se não apenas de transmitir informação ou saber; ele ajuda a formar cidadãos. Há professores que somente ministram conhecimentos técnicos e outros, ciência.

No jornalismo, pessoas de temperamento SP exercitam seus dons principalmente na reportagem; os SJ são, com freqüência, editores, pois têm capacidade para a supervisão e primam pela atenção aos prazos, elemento crucial na imprensa e nos telejornais; os NF quase sempre são excelentes redatores e editores de comportamento e cultura, e os NT destacam-se como críticos, redatores ou editores de cadernos técnicos e científicos.

Ocorre o mesmo na literatura (prosa e poesia). O que distingue cada temperamento é o estilo, normalmente descritivo e fatual entre os SP e os SJ, psicológico, metafórico e hiperbólico entre os NF e analítico (e, por vezes, acadêmico) entre os NT.

Exemplos desses estilos podem ser conferidos em trechos de crônicas escritas por cronistas do jornal *O Estado de S. Paulo*.

Estilo SP

"Há três anos venho convivendo com umas gaivotas. E observando. E acho que elas também me observam. Hoje, já consigo chegar bem mais perto delas... Elas são grandes e, em sua grande maioria, quase completamente brancas. Com as asas abertas devem ter um metro de largura. E voam. E planam. E são lindas, as gaivotas." ("As gaivotas", Mario Prata, O Estado de S. Paulo, 24/3/2004)

Estilo SJ

"*Outro dia li um conto policial, passado em Nova York, que me impressionou. Tratava-se de um pequeno empregado no comércio que, vindo da rua e entrando no seu quarto de pensão, descobre que um ladrão lhe havia carregado todos os seus tesouros: o computador, o relógio, o micro system, o cobertor elétrico, o barbeador e a escova de dentes também elétricos, o abridor de latas idem, o ferro de engomar, o percolator (de fazer café), o isqueiro a gás... Gadgets. Máquinas. Isso é a suprema aspiração do homem da sociedade de consumo.*" ("O homem e suas máquinas", Rachel de Queiroz, O Estado de S. Paulo, 27/5/2000)

Estilo NF

"*...horroriza-me sermos um bando de patetas de consumo, como crianças brincando num shopping, enquanto os homens-bomba explodem no Oriente e no Ocidente, não agüento mais cadáveres na faixa de Gaza e em Ramos, ônibus em fogo no Jacarezinho e trens sangrando em Madri, museu de Bilbao, museus evocando retorcidos bombardeios, sem arte nenhuma para botar dentro... enquanto Bush reza na Casa Branca e o Dick Cheney, sujo de petróleo, fala em democracia no Iraque, não agüento mais ver que a pior violência é o acostumamento com a violência, pois o mal se banaliza e o bem vira luxo burguês, não admito mais ouvir falar de 'globalização', enquanto meninos miseráveis fazem malabarismo com bolinhas de tênis nos sinais de trânsito...*" ("Brasil e o mundo podem prejudicar a saúde", Arnaldo Jabor, O Estado de S. Paulo, 23/3/2004)

Estilo NT

"*O terrorismo contemporâneo vem mais uma vez revelar como é complexa a idéia ocidental de progresso e de 'evolução social'. Essa teoria que fala de uma história da humanidade por estágios ou etapas de uma plataforma primitiva para um momento final, 'civilizado', industrializado, urbano e culto. No primeiro estágio, estariam os índios e os povos atrasados;*

no seu exórdio, os que inventaram a teoria, seriam os 'mais evoluídos', os que teriam chegado ao ponto final da longa cadeia de civilização. No entanto, quem estudou profundamente as chamadas sociedades tribais sabe que o terrorismo e a guerra estratégica, que vai além dos soldados, chefes ou líderes, atingindo mulheres, crianças e recursos naturais, não existe nessas humanidades." ("Terror", Roberto Damatta, O Estado de S. Paulo, 18/3/2004)[3]

É possível uma pessoa comportar-se no trabalho em conformidade com um tipo que não é o seu natural?

Pode e isso é mais comum do que se pensa. Como os tipos pensadores (T) são mais apreciados nas organizações do que os tipos sentimentais (F), estes podem escamotear essa preferência para galgar postos na hierarquia. Os tipos perceptivos (P), normalmente mais "relaxados" do que os julgadores (J), muitas vezes assumem atitudes próprias destes, para não perder o emprego. Não há nada de errado nesse comportamento desde que as pessoas não assumam uma *persona* (máscara) para sobreviver no ambiente laboral. Um estudo nessa área foi conduzido pela pesquisadora Katherine Benziger, nos Estados Unidos. Ela concluiu que, naquele país, 70% dos trabalhadores *"falsificam o tipo no trabalho"*, com grandes prejuízos para sua saúde e vida pessoal. Falsificar o tipo implica um esforço sobre-humano e o resultado é estresse e descontentamento, quando não infelicidade, por mais bem remunerado que seja o cargo. Está comprovado que os funcionários que *"mudam"* de tipo para ser aceitos não são tão eficientes ou talentosos quanto aqueles que trabalham de acordo com seu temperamento, inteligências e habilidades. Estes desempenham sua função com prazer, sem estresse, e obtêm resultados melhores. Pode-se concluir que a falsificação do tipo está diretamente relacionada ao dilema entre "ser" e "ter", que começou a tomar vulto em meados dos anos 1970, agravou-se profundamente após o surgimento dos *yuppies*, nos anos 1980, e adentrou ao século atual com todas as conseqüências conhecidas, entre elas depressão, ansiedade e baixa auto-estima.

Por que as pessoas têm formas diferentes de encarar a religião?

Não há uma resposta definitiva para essa questão, porque em grande parte a religião (mas não a fé) é culturalmente condicionada. No entanto, é possível afirmar que, em grande medida, os tipos sensoriais têm uma relação mais materialista com a religião do que os tipos intuitivos. Por materialista, deve-se entender que tanto as pessoas de temperamento SP quanto as de temperamento SJ costumam praticar a religião de forma utilitarista (embora existam exceções). Algumas vezes, para pedir (proteção, riqueza, sucesso, fama, saúde etc.); em outras, para "ficar bem" com a divindade. Praticam rituais e seguem normas de conduta ditadas por autoridades eclesiásticas, pais de santos, gurus e outras figuras que detenham autoridade na instituição religiosa adotada. De forma simplista, pode-se dizer que barganham a fé tendo por objetivo obter bênçãos e proteção e evitar o castigo (os SJ são os que mais temem a punição).

Pessoas de temperamento SP costumam ser mais facilmente seduzidas por novas crenças, principalmente se estas excluírem de suas "escrituras" a noção de pecado e culpa. Preferem, quase sempre, uma religião que sirva às necessidades do presente, sem obrigações ou sacrifícios de grande monta. Já os SJ, conservadores por excelência, costumam seguir a religião da família e dificilmente trocam de credo. Quase sem exceção, preferem religiões institucionalizadas, doutrinárias, cujas leis e "decálogos" estejam escritos e permaneçam no tempo. Os dirigentes precisam ser figuras públicas notórias por seu saber e reputação. Em geral, interpretam e seguem os textos religiosos ao pé da letra, apreciam os rituais e são disciplinados no cumprimento dos deveres.

Entre os intuitivos, a distinção é ainda mais marcante. Os Idealistas (NF), por darem enorme valor ao conhecimento que adquirem intuitivamente, formam o grupo mais interessado em conhecer e estudar os "mistérios" da fé e da espiritualidade. Os preceitos da fé que abraçarem são amalgamados aos atos e pensamentos cotidianos como, por exemplo, orar e vigiar continuamente, praticar a caridade moral perante o próximo, contribuir para a paz mundial etc. Seguem, com freqüência, grandes mestres que foram ou são, como eles, sentimentais intuitivos: Lao-tsé, Buda, Cristo, Maomé, Gandhi e Sai Baba (só para citar alguns). São encontrados, em grande número, também, entre os espíritas kardecistas, religião codificada por Allan Kardec (NT) e disseminada no Brasil principalmente por Chico Xavier (NF). O kardecismo se orienta pelo cristianismo primitivo, prega o amor ao próximo, a humildade, o perdão e, principalmente, a caridade.

Os outros intuitivos, os NT (Racionais), ou costumam ser totalmente céticos em relação à religião – e também à existência de uma divindade ou divindades – ou, por outro lado, ocupam-se com estudos "científicos" que possam comprovar tal existência, bem como a de seres de outros planetas. Sabe-se que a mãe de Jung, por exemplo, realizava sessões espíritas e que o psicólogo suíço participou diversas vezes dessas reuniões. Einstein, por sua vez, tinha por aspiração suprema comprovar a existência de Deus por intermédio da física. Entretanto, no Brasil, em razão do grande número de crenças e da disposição dos brasileiros para abraçar o sincretismo religioso, não é incomum encontrar pessoas de temperamento NT em locais mais "afinados" com pessoas de temperamento SP. A própria imprensa divulga, muitas vezes, as consultas a pais-de-santo e babalorixás feitas por políticos e empresários de temperamentos ENTJ e INTJ, principalmente.

Alguns tipos são facilmente confundidos com outros. Como distinguir, por exemplo, o ISFP do INTP nas atividades práticas?

De fato, quando se tem ainda pouco conhecimento dos tipos, é fácil confundir alguns deles. No caso dos ISFP e dos INTP, ambos se caracterizam por expressiva inteligência espacial e gosto estético. Entretanto, repare-se que os ISFP são operadores. Eles utilizam partes do corpo como as mãos (pintores, estilistas, joalheiros, costureiros, *chefs* de cozinha, cirurgiões, instrumentistas etc.) para realizar seu trabalho. Já os INTP focam o mundo abstrato e preferem a invenção à operação. São eles que inventam máquinas, instrumentos, equipamentos e softwares que os ISFP utilizam em suas atividades.

Também é comum confundir os ESTP, os ESTJ, os ISTJ e os ENTJ, principalmente porque todos são muito focados em metas e bastante competitivos. Como diferenciá-los?

Acreditamos que as pessoas biografadas nesta obra evidenciam de forma clara os aspectos que os distinguem. Porém, não é demais ressaltar que os ESTP – embora focados em metas – são muito independentes e apreciam a variedade. Por serem sensoriais, querem estar sempre em movimento e, por isso, mudam constantemente de rumo. Os ESTJ e os ISTJ são movidos pelo desejo de "pertencer", o que os torna dependentes do grupo em que estão insertos, seja na família, na escola ou no trabalho. Além disso, "dever" é uma palavra que está no topo da lista de seus valores. Por levarem o compromisso "a ferro e fogo", são depositários fiéis da confiança das organizações e nelas permanecem por muito tempo, quando não por toda a vida. Os ESTJ estão sempre em primeiro plano, enquanto os ISTJ são mais retraídos, mas igualmente comprometidos. Quanto aos ENTJ, o fato de terem sido denominados marechais de campo, ou superlíderes, já diz tudo.

O tipo psicológico é herdado, do mesmo modo que se herdam dos pais as características físicas?

Também para essa questão não existe uma resposta definitiva. Os estudos, até aqui, comprovam que o temperamento é inato. Porém, ao estudar grupos familiares, encontramos com freqüência pais que têm tipos psicológicos complementares aos dos filhos. A atitude introvertida ou extrovertida ganha relevo nos relacionamentos familiares. Se, por temperamento, alguém é muito introvertido, terá dificuldade em conviver com parentes extrovertidos, em particular aqueles muito extrovertidos. Por outro lado, uma família que preza, em alguma medida, a solidão conferirá serenidade a uma pessoa introvertida. Famílias com muitos membros que pertençam ao mesmo temperamento são raras. Mais raro ainda é encontrar grupos familiares em que prevaleça determinado tipo psicológico. E, para comprovar que neste campo não existem mesmo respostas definitivas, basta examinar o caso dos gêmeos. Muitas vezes, têm temperamentos diametralmente opostos. No entanto, há registros de gêmeos que foram separados na infância e, ao se reencontrarem na vida adulta, revelaram preferências e escolhas surpreendentemente semelhantes.

Qual é a proporção de sentimentais e pensadores na população?

Considerando as estatísticas reunidas por David Keirsey, a humanidade apresenta equilíbrio nesta função mental, ou seja, a proporção é praticamente a mesma, em torno de 50% para cada lado, embora alguns povos sejam preponderantemente pensadores e outros prefiram utilizar, com mais freqüência, a função sentimento.

É verdade que tipos sentimentais (F) são mais encontrados entre as mulheres?

As estatísticas demonstram que sim. Tanto no Brasil como em outros países. A explicação pode estar no condicionamento milenar diferenciado a que as mulheres e os homens foram submetidos. Enquanto estes, desde a pré-história, desempenharam atividades como o combate, a busca pelo alimento, a conquista e defesa de território (quer dizer, competição), coube às mulheres cuidar das crianças e dos velhos e garantir o repouso dos guerreiros quando estes retornavam para a tribo. O comportamento longamente repetido contribuiu para firmar nas mulheres o comprometimento com os outros, a doação íntima e a preocupação com o bem-estar alheio.

Tipos sentimentais podem ser introvertidos ou extrovertidos, sensoriais ou intuitivos. A observação dos comportamentos mostra que todos são bastante preocupados com as pessoas. Em que diferem os ESFP, ISFP, ESFJ, ISFJ e os quatro tipos NF?

As ações dos tipos introvertidos (I) geralmente são mais discretas que as dos extrovertidos (E), ainda que, muitas vezes, tenham maior impacto. Os ESFP, por exemplo, adoram alegrar os outros e são muito generosos, enquanto os ISFP primam pela bondade silenciosa e comprometida. Os ESFJ são reconhecidos pela benemerência, enquanto os ISFJ formam o grupo mais piedoso. Nos quatro tipos de temperamento NF o que predomina é a compaixão pelo próximo, o que os leva freqüentemente a correr risco de morte na defesa do seu direito à vida, à liberdade e à justiça.

Pessoas NF são facilmente confundidas com outros sentimentais, como os ISFJ. Existe uma maneira de distinguir claramente os primeiros destes?

Isso é muito verdadeiro. Ocorre o mesmo com os pensadores sensoriais (STJ) e os racionais intuitivos (NT). O que distingue um grupo do outro é a visão de mundo. Os sensoriais (**S**) são concretos, enquanto os intuitivos (**N**) operam e vivem no mundo da abstração, a maior parte do tempo. Dois exemplos concretos poderão contribuir para aclarar essa diferença. Por exemplo, Irmã Dulce era ISFJ, sensorial introvertida com sentimento extrovertido. Como sensorial, ela vivia para o mundo concreto. Era piedosa mas muito prática, a ponto de recolher ela mesma os doentes das ruas e ir atrás dos recursos materiais que lhe permitiam cuidar deles. Embora tivesse auxiliares, Irmã Dulce fazia questão de pôr a mão na massa. Dom Hélder Câmara, outro religioso, era ENFJ (sentimental extrovertido com intuição introvertida). Embora igualmente sensível à miséria e ao sofrimento humanos, seu socorro tinha um aspecto moral, psicológico e espiritual, muito mais do que material. Ademais, ele era um "pensador/sentidor" que não aceitava a realidade como se apresentava. Queria modificá-la. Por isso, foi um líder que apontou caminhos para o clero, em âmbito mundial. Também por esse motivo, sua atuação foi cerceada, pois suas idéias iam de encontro ao poder estabelecido.

Dois "discursos" mundialmente conhecidos permitem reconhecer os valores inerentes ao idealismo de um protetor (ISFJ) e os de um NF (no caso, um ENFP ou *champion*). O primeiro foi dito por um chefe indígena da tribo Seattle (Estados Unidos), em 1852, ao presidente da República, em resposta à proposta de compra de terras dos índios. O outro discurso também é de um norte-americano, Martin Luther King Jr., o advogado que morreu por defender os direitos civis dos negros. O chefe Seattle fez um belo discurso em louvor da terra (uma entidade concreta), das árvores, dos animais e da história de **seus antepassados,** enquanto o líder negro exaltou em sua fala o sonho da justiça e da liberdade (uma abstração) **para todos.**

Eis o que escreveu o chefe indígena:

"O Presidente, em Washington, informa que deseja comprar nossa terra. Mas como é possível comprar ou vender o céu, ou a terra? A idéia nos é estranha. Se não possuímos o frescor do ar e a vivacidade da água, como vocês poderão comprá-los?

Cada parte desta terra é sagrada para meu povo. Cada arbusto brilhante de pinheiro, cada porção de praia, cada bruma na floresta escura, cada campina, cada inseto que zune. Todos são sagrados na memória e na experiência do meu povo.

Conhecemos a seiva que circula nas árvores, como conhecemos o sangue que circula em nossas veias. Somos parte da terra, e ela é parte de nós. As flores perfumadas são nossas irmãs. O urso, o gamo e a grande águia são nossos irmãos. O topo das montanhas, o húmus da campina, o calor do corpo do pônei, e o homem, pertencem todos à mesma família.

A água brilhante que se move nos rios e riachos não é apenas água, mas o sangue de nossos ancestrais. Se lhes vendermos nossa terra, vocês deverão lembrar-se de que ela é sagrada. Cada reflexo espectral nas claras águas dos lagos fala de eventos e memórias na vida do meu povo. O murmúrio da água é a voz do pai do meu pai.

Os rios são nossos irmãos. Eles saciam nossa sede, conduzem nossas canoas e alimentam nossos filhos. Assim, é preciso dedicar aos rios a mesma bondade que se dedicaria a um irmão.

Se lhes vendermos nossa terra, lembrem-se de que o ar é precioso para nós, o ar partilha seu espírito com toda a vida que ampara. O vento, que deu ao nosso avô seu primeiro alento, também recebe seu último suspiro. O vento também dá às nossas crianças o espírito da vida. Assim, se lhes dermos nossa terra, vocês deverão mantê-la à parte e sagrada, como um lugar onde o homem possa ir apreciar o vento, adocicado pelas flores da campina.

Ensinarão vocês às suas crianças o que ensinamos às nossas? Que a terra é nossa mãe? O que acontece à terra acontece a todos os filhos da terra.

O que sabemos é isto: a terra não pertence ao homem, o homem pertence à terra. Todas as coisas estão ligadas, assim como o sangue nos une a todos. O homem não teceu a rede da vida, é apenas um dos fios dela. O que quer que ele faça à rede fará a si mesmo.

Uma coisa sabemos: nosso deus é também o seu deus. A terra é preciosa para ele e magoá-la é acumular contrariedades sobre o seu criador.

O destino de vocês é um mistério para nós. O que acontecerá quando seus búfalos forem todos sacrificados? Os cavalos selvagens, todos domados? O que acontecerá quando os cantos secretos da floresta forem ocupados pelo odor de muitos homens e a vista dos montes floridos for bloqueada pelos fios que falam? Onde estarão as matas?

Sumiram! Onde estará a águia? Desapareceu! E o que será dizer adeus ao pônei arisco e à caça? Será o fim da vida e o início da sobrevivência.

Quando o último pele-vermelha desaparecer, junto com sua vastidão selvagem, e a sua memória for apenas a sombra de uma nuvem se movendo sobre a planície... estas praias e estas florestas ainda estarão aí? Alguma coisa do espírito do meu povo ainda restará?

Amamos esta terra como o recém-nascido ama as batidas do coração da mãe. Assim, se lhes vendermos nossa terra, amem-na como a temos amado. Cuidem dela como temos cuidado. Gravem em suas mentes a memória da terra tal como estiver quando a receberem. Preservem a terra para todas as crianças e amem-na como Deus nos ama a todos.

Assim como somos parte da terra, vocês também são parte da terra. Esta terra é preciosa para nós, também é preciosa para vocês. Uma coisa sabemos: existe apenas um Deus. Nenhum homem, vermelho ou branco, pode viver à parte. Afinal, somos irmãos."[4]

O discurso que Martin Luther King Jr. proferiu na escadaria do Memorial Lincoln, em 28 de agosto de 1963, foi este:

Eu tenho um sonho (*I have a dream*)

"Cem anos atrás, um grande americano, sob cuja sombra simbólica nos encontramos, assinou a Proclamação de Emancipação. Esse importante decreto irrompeu como um grande farol de esperança para milhões de escravos negros que tinham sucumbido nas chamas da injustiça. Ele veio como uma alvorada que dissipava a longa noite de seu cativeiro. Mas, cem anos depois, o Negro ainda não é livre. Cem anos depois, a vida do Negro ainda é tristemente cerceada pelas algemas da segregação e pelas cadeias da discriminação.

Cem anos depois, o Negro vive em uma solitária ilha de pobreza no meio de um vasto oceano de prosperidade material. Cem anos depois, o Negro ainda adoece à margem da sociedade americana e se encontra exilado em sua própria terra. Assim, nós viemos aqui hoje para denunciar essa vergonhosa condição.

De certo modo, nós viemos à capital de nossa nação para trocar um cheque. Quando os arquitetos de nossa república escreveram as magníficas palavras da Constituição e a declaração da Independência, eles estavam assinando uma nota promissória da qual todo americano seria herdeiro. Esta nota era uma promessa de que todos os homens teriam garantidos os direitos inalienáveis de vida, liberdade e busca da felicidade.

Hoje, é óbvio que aquela América não honrou aquela nota promissória. Em vez de honrar essa obrigação sagrada, a América deu ao povo negro um cheque sem fundo, um cheque que voltou marcado com 'fundos insuficientes'. Mas nós nos recusamos a acreditar que o banco da justiça seja falível. Nós nos recusamos a acreditar que há capitais insuficientes de oportunidade nesta nação. Assim, nós viemos trocar este cheque, um cheque que nos dará o direito de reclamar as riquezas da liberdade e a segurança da justiça.

Nós também viemos para recordar à América sobre essa cruel urgência. Este não é o momento para descansar no luxo refrescante ou tomar o remédio tranqüilizante do gradualismo. Agora é o tempo para transformar em realidade as promessas de democracia.

Agora é o tempo para subir do vale das trevas da segregação ao caminho iluminado pelo sol da justiça racial. Agora é o tempo para erguer nossa nação das areias movediças da injustiça racial para a pedra sólida da fraternidade. Agora é o tempo para fazer da justiça uma realidade para todos os filhos de Deus. Seria fatal para a nação negligenciar a urgência desse momento. Este verão sufocante do legítimo descontentamento dos Negros não passará até termos um renovador outono de liberdade e igualdade. Este ano de 1963 não é um fim, mas um começo. Aqueles que esperam que o Negro agora esteja contente terão um violento despertar se a nação voltar aos negócios de sempre.

Mas há algo que eu tenho de dizer ao meu povo que se dirige ao portal que conduz ao palácio da justiça. No processo de conquistar nosso legítimo direito, nós não devemos ser culpados por ações injustas. Não vamos satisfazer nossa sede de liberdade bebendo da xícara da amargura e do ódio. Nós sempre temos de conduzir nossa luta num alto nível de dignidade e disciplina. Nós não devemos permitir que nosso criativo protesto degenere em violência física. Novamente, e novamente, nós temos de subir às majestosas alturas da reunião da força física com a força da alma.

Nossa nova e maravilhosa militância mostrou à comunidade negra que não devemos desconfiar de todas as pessoas brancas, de muitos de nossos irmãos brancos, como comprovamos pela presença deles aqui, hoje. Vieram entender que o destino deles está amarrado ao nosso destino. Eles vieram perceber que a liberdade deles está ligada indissoluvelmente à nossa liberdade. Nós não podemos caminhar sós.

E, como nós caminhamos, nós temos de fazer a promessa que nós sempre marcharemos à frente. Nós não podemos retroceder. Há aqueles que estão perguntando aos devotos dos direitos civis: 'Quando vocês estarão satisfeitos?'

Nós jamais estaremos satisfeitos enquanto o Negro for vítima dos horrores indizíveis da brutalidade policial. Nós nunca estaremos satisfeitos enquanto nossos corpos, pesados com a fadiga da viagem, não puderem ter hospedagem nos motéis das estradas e nos hotéis das cidades. Nós não estaremos satisfeitos enquanto um Negro não puder votar no Mississippi e um Negro em Nova York acreditar que ele não tem motivo para votar. Não, não, nós não estamos satisfeitos e nós não estaremos satisfeitos até que a justiça e a retidão fluam como água de uma poderosa correnteza.

Eu não esqueci que alguns de vocês vieram até aqui após grandes testes e sofrimentos. Alguns de vocês saíram recentemente das celas estreitas das prisões. Alguns de vocês vieram de áreas onde sua busca pela liberdade lhes deixou marcas produzidas pelas tempestades das perseguições e pelos ventos da brutalidade policial. Vocês são os veteranos do sofrimento. Continuem trabalhando com a fé, pois o sofrimento imerecido é redentor. Voltem para o Mississippi, voltem para o Alabama, voltem para a Carolina do Sul, voltem para a Geórgia, voltem para Louisiana, voltem para as ruas sujas e guetos de nossas cidades do norte, sabendo que, de alguma maneira, esta situação pode e será mudada. Não se deixem cair no vale do desespero.

Eu digo a vocês hoje, meus amigos, que embora nós enfrentemos as dificuldades de hoje e amanhã eu ainda tenho um sonho. É um sonho profundamente enraizado no sonho americano. Eu tenho um sonho de que, um dia, esta nação se levantará e viverá o verdadeiro significado de sua crença – nós celebraremos estas verdades e elas serão claras para todos: os homens são criados iguais.

Eu tenho um sonho que, um dia, nas colinas vermelhas da Geórgia os filhos dos descendentes de escravos e os filhos dos descendentes dos donos de escravos poderão se sentar juntos à mesa da fraternidade.

Eu tenho um sonho que, um dia, até mesmo o estado do Mississippi, um estado que transpira com o calor da injustiça, que transpira com o calor de opressão, será transformado em um oásis de liberdade e justiça.

Eu tenho o sonho de que meus quatro filhos vão, um dia, viver em uma nação onde não serão julgados pela cor da pele, mas pelo seu caráter. Eu tenho um sonho, hoje! Eu tenho um sonho que, um dia, no Alabama, com seus racistas malignos, com seu governador que tem os lábios gotejando palavras de intervenção e negação; nesse justo dia, no Alabama, meninos negros e meninas negras poderão unir as mãos com meninos brancos e meninas brancas, como irmãs e irmãos.

Eu tenho um sonho hoje!

Eu tenho um sonho que, um dia, todo vale será exaltado e todas as colinas e montanhas virão abaixo, os lugares ásperos serão aplainados e os lugares tortuosos serão endireitados, e a glória do Senhor será revelada, e toda a carne estará juntada.

Esta é a nossa esperança. Esta é a fé com que regressarei para o Sul. Com esta fé nós poderemos extrair da montanha do desespero uma pedra de esperança. Com esta fé nós poderemos transformar as discórdias estridentes de nossa nação em uma bela sinfonia de fraternidade. Com esta fé nós poderemos trabalhar juntos, rezar juntos, lutar juntos, para ir para a cadeia juntos, defender a liberdade juntos, e quem sabe nós seremos, um dia, livres. Esse será o dia, esse será o dia quando todas as crianças de Deus poderão cantar com um novo significado:

'Meu país, doce terra de liberdade, eu te canto. Terra onde meus pais morreram, terra do orgulho dos peregrinos. De qualquer lado da montanha, ouço o sino da liberdade!'

E, se a América é uma grande nação, isto tem de se tornar verdadeiro. E, assim, ouvirei o sino da liberdade no extraordinário topo da montanha de New Hampshire. Ouvirei o sino da liberdade nas poderosas montanhas de Nova York. Ouvirei o sino da liberdade nos grandiosos Alleghenies da Pensilvânia.

Ouvirei o sino da liberdade nas montanhas rochosas cobertas de neve do Colorado. Ouvirei o sino da liberdade nas ladeiras curvas da Califórnia. Mas não é só isso. Ouvirei o sino da liberdade na Montanha de Pedra da Geórgia. Ouvirei o sino da liberdade na Montanha de Vigilância do Tennessee. Ouvirei o sino da liberdade em todas as colinas do Mississippi. Em todas as montanhas, ouvirei o sino da liberdade.

E, quando isso acontecer, quando nós permitirmos ao sino da liberdade soar, quando nós o deixarmos soar em toda moradia e em todo vilarejo, em cada estado e em cada cidade, nós poderemos acelerar a chegada daquele dia em que todas as crianças de Deus, homens pretos e homens brancos, judeus e gentios, protestantes e católicos, poderão unir as mãos e cantar nas palavras do antigo *spiritual* negro:

'Livre afinal, livre afinal. Agradeço a Deus todo-poderoso, nós somos livres, afinal...'" [5]

Percebe-se, facilmente, que as pessoas de tipologia ISFJ (Protetor) e as do grupo dos NF (Idealistas) são mais propensas a sacrificar-se pelos outros. Em relação ao heroísmo, ocorreria o mesmo?

Não. O herói é universal e aparece em todos os temperamentos. Para ser herói, segundo Joseph Campbell, a maior autoridade nesta área, é preciso que o "eleito" aceite o chamado para a aventura ou para a missão. Neste livro, aparecem quatro tipos de heróis: Ayrton Senna (SP), Duque de Caxias e Irmã Dulce, ambos SJ, e Sérgio Vieira de Mello (NF). A história do Brasil apresenta outros heróis, entre eles Tiradentes e Zumbi dos Palmares, aquele um notável representante dos SP e este dos NF. Palmares era um quilombo ("vila" formada por escravos fugitivos), o maior de todos, a ponto de ser considerado um Estado negro. Foi criado durante a ocupação holandesa, em meados do século dezessete, por Ganga-Zumba (NT), também considerado herói. Ele organizou o quilombo nos moldes da Esparta grega e sua condição de Estado negro foi reconhecida pelo rei de Portugal. Mais tarde, Ganga-Zumba fez um tratado com o governo português, que punha em cheque a liberdade dos escravos, ideal pelo qual lutava Zumbi, negro brasileiro, religioso e letrado, cujo nome verdadeiro era Francisco. Zumbi angariou grande número de seguidores para sua causa. Ganga-Zumba foi assassinado e Zumbi assumiu o comando de Palmares. O período de seu reinado foi marcado pela bravura e resistência contra as pretensões dos colonizadores. Até que

Palmares sucumbiu aos ataques do paulista Domingos Jorge Velho e seus comandados, mas Zumbi conseguiu fugir. Um traidor revelou seu esconderijo. Encontrado, Zumbi foi morto e seu corpo, esquartejado, exibido nas praças de Recife. Apesar disso, os quilombolas – fiéis à sua memória – resistiram até o início do século dezoito. Em 20 de novembro de 1995, quando se completaram trezentos anos da morte do herói, instituiu-se o "Dia da Consciência Negra".

Algumas pessoas demonstram claramente seu temperamento. Já, em outras, é difícil identificá-lo, mesmo convivendo com elas. É "normal" isso acontecer?

Em termos de comportamento e tipologia humana, a palavra "normal" deve ser evitada. Quanto à evidenciação do temperamento, somente profissionais bem treinados conseguem apreender, com alguma facilidade, qual é o temperamento das pessoas. A facilidade, ou não, de identificar o temperamento (e, com maior dificuldade, o tipo) depende do grau da preferência, ou seja, com que freqüência um indivíduo prefere usar as quatro funções (sensação/intuição, pensamento/sentimento). Pode-se fazer uma comparação com o uso da mão esquerda ou da mão direita. Mas, neste caso, há a vantagem de a preferência se firmar muito cedo e ser visível aos olhos. Geralmente, é mais fácil perceber a preferência no uso das funções mentais (temperamento) em pessoas adultas. Porém, não é impossível detectar a preferência em crianças. Um exemplo: certa vez, levamos um grupo da terceira série (a maioria com 8 anos de idade) a uma fazenda, para conhecer a vida no campo, animais e plantas não encontrados na cidade. Uma das meninas, mais curiosa, desgarrou-se do grupo e logo foi seguida por uma colega. A garota fora atraída por um pé de maracujá, cujas flores a deixaram literalmente encantada. A árvore já apresentava, também, alguns frutos, do tipo doce. Mas estes foram vistos somente pela segunda menina, que se atirou à árvore até colher todos e escondê-los em sua mochila. "O que você pegou?", perguntou a primeira. "Maracujás", respondeu a segunda. "Ah! Então, este é um pé de maracujá? É lindo! Nunca vi flores tão bonitas!" "Pois, então, pegue algumas e leve para sua casa", replicou a que pegara os frutos. "Não", disse a primeira menina. "Elas são mais bonitas assim, vivas, e poderão dar outros frutos."

Seria útil que já no ensino fundamental a escola apresentasse disciplinas e atividades que satisfizessem todos os temperamentos. Mas como reconhecer o temperamento em tenra idade, uma vez que os instrumentos disponíveis são indicados para pessoas com mais de 15 anos?

Essa questão não é nova. Anísio Teixeira, talvez o maior pedagogo brasileiro de todos os tempos, deixou-nos um modelo de escola em que todos os talentos podem ser utilizados e desenvolvidos, desde a infância. Um embrião de suas concepções funciona na Bahia em uma escola de ensino fundamental, mas a filosofia de educação de Anísio Teixeira abarca todas as fases do ensino, desde a infância à idade adulta, porque ele a entendia como o único meio capaz de promover o desenvolvimento social e a democracia. Anísio Teixeira não conhecia a teoria dos temperamentos, porque esta não existia em meados do século passado. No entanto, ele teve a clarividência de propor que a Escola oferecesse múltiplas e variadas oportunidades de desenvolvimento. Assim, em seu "modelo" cabem tanto as aulas de artes, esportes e oficinas (o que, no nosso entendimento, encaminharia os SP para artes, esportes e ofícios), quanto literatura, filosofia e línguas (mais do agrado dos NF), administração e comércio (que atrai, sobretudo, os SJ), pesquisa e ciência (mais de acordo com as preferências dos NT). O modelo escolar, portanto, já existe e pôde ser testado empiricamente.

Quanto à questão de "descobrir", já na infância, o temperamento dos educandos, desenvolveu-se recentemente, nos Estados Unidos, um instrumento baseado na teoria dos temperamentos, denominado True Colors®. Esse inventário já está no Brasil. Em relação aos inventários utilizados para adultos, diverge em alguns aspectos, porque crianças não apresentam, ainda, determinadas atitudes e funções mentais definidas. Por exemplo, a capacidade de abstração (relacionada com a Intuição – N) somente amadurece no início da adolescência, daí porque é nessa fase que os alunos são introduzidos no estudo de álgebra, entre outras matérias. A atitude E-I (extroversão/introversão) define-se ainda mais tarde, em torno dos 20 anos. Da mesma forma, a atitude J-P (julgamento/percepção) também se fortalece com o passar do tempo. Em aconselhamentos que realizamos com meninos e meninas menores de quinze anos, verificamos ser extremamente difícil definir se eram extrovertidos ou introvertidos. O True Colors® aborda relações de parentesco (pais e filhos), a adolescência e testes vocacionais para colegiais?[6]

Tão importante quanto conhecer nosso temperamento, para fazer escolhas mais sensatas, é nós, adultos, conhecermos o temperamento de nossos filhos, para ajudá-los a desenvolver-se e a ajustar-se ao mundo em que vivem. Nas escolas, vem crescendo aquilo que os norte-americanos denominam *bullying*, ou seja, os jovens mais tímidos e mais sensíveis são vítimas de colegas valentões, mandões e tirânicos. O que se pode fazer para coibir esses abusos e aumentar a auto-estima das crianças menos competitivas e mais retraídas?

Este é um fato bastante observado mundialmente. No Brasil, atinge não apenas as escolas públicas, onde a maioria da clientela procede de lares desfeitos ou de baixa renda, mas sobretudo nos colégios tradicionais e voltados para a classe média alta. Nestes, chama a atenção, atualmente, o *bullying* virtual, facilitado pela tecnologia, ou seja, internet e telefonia celular. O *bullying* virtual é até pior do que aquele praticado ao vivo, porque os agressores se sentem mais protegidos e, portanto, são mais ousados. A grande queixa, nos dias que correm, é a difamação de adolescentes, por meio dos *blogs*. O *bullying* já havia sido detectado nos anos 1990 por um professor norueguês, Dan Olweus, intrigado com o crescente número de suicídios entre adolescentes europeus. Pais e professores devem unir-se nessa cruzada: os pais observando o comportamento dos filhos em casa, participando da vida deles, encorajando-os a assumir comportamentos sociais adequados e informando-se sempre sobre o que se passa na escola. Os professores, orientadores educacionais e diretores devem enfatizar as atividades em grupo, como a prática de esportes (misturando os quatro temperamentos no mesmo time), peças teatrais que realcem a importância da diversidade, "concertos" e festas cívicas, trabalhos sociais direcionados para comunidades carentes e, também, palestras sobre esses temas, a cargo de convidados que tenham uma imagem favorável.

Nas escolas freqüentadas por alunos procedentes de família de melhor renda, esse problema será mais facilmente resolvido. E o que fazer na escola pública, onde os recursos, normalmente, são escassos?

Descobrir quais são os alunos valentões ou fomentadores do preconceito (o *bullying* está amplamente relacionado com este) não é difícil, porque eles quase sempre demonstram tais características. Na maioria das vezes, são jovens problemáticos, que querem chamar a atenção. Envolvê-los em atividades extracurriculares, adequadas ao seu temperamento, é uma saída. Muitos esportistas de sucesso têm contado que se livraram da cadeia e das drogas, por exemplo, porque na adolescência alguém os conduziu ao mundo dos esportes. Esporte, acreditamos, é uma atividade que toda escola pode promover. Basta que haja boa vontade da direção e preocupação social do corpo docente.

A tecnologia, citada anteriormente, tem méritos e deméritos. Entre estes, além da violência virtual, encontramos no extremo oposto o alheamento do mundo. Há uma grande quantidade de jovens que não vivem sem o MP3 e, agora, sem o iPOD. Virou um vício. Muitos pais não conseguem comunicar-se nunca com os filhos. E o pior: eles não têm mais vida social nem tomam conhecimento do mundo. O que isso tem a ver com temperamentos?

Enquanto os praticantes de *bullying* parecem pertencer, principalmente, ao grupo dos sensoriais extrovertidos, os adolescentes fascinados pelo iPOD e outras parafernálias possivelmente serão do grupo dos introvertidos. O primeiro grupo (mesmo que não agressivo) "domina" o mundo. Os extrovertidos correspondem a dois terços da humanidade. São ligados nos estímulos externos, gostam de barulho, têm horror ao tédio. Exatamente o oposto dos introvertidos, que preferem o silêncio, a meditação e também a solidão, durante boa parte do dia. Para estes, o mundo moderno tornou-se um lugar pouco agradável. Pais e professores devem estimulá-los a relacionar-se com o restante das pessoas. Isso se consegue incluindo-os em atividades grupais, primeiramente com pessoas que sejam parecidas com eles e, depois, com tipos diversificados. Se houver estimulação correta, em breve os "cyber-autistas" descobrirão que as pessoas são mais interessantes do que parecem e que o mundo é um lugar cheio de surpresas prazerosas, para ser descobertas.

Mais assustador do que o cyber-autismo é o suicídio coletivo, combinado entre jovens que formam comunidades virtuais. No Brasil, ainda não temos notícias sobre isso, mas, no Japão, a situação é alarmante. Essa onda pode chegar aqui? Que temperamentos estão mais sujeitos a cometer esse gesto extremo?

O suicídio dos jovens japoneses tem causas culturais. Os suicidas pertencem predominantemente ao sexo masculino e por lá são chamados *hikikomoris*. Têm entre 16 e 30 anos de idade e matam-se por não agüentar as pressões da família e da sociedade para que obtenham sucesso. Possivelmente, devem ser rapazes sentimentais, porque detestam os valores da sociedade competitiva e, por isso, preferem retirar-se dela. No Japão, por outro lado, ter um filho que destoa da média é motivo de vergonha. Tanto lá como nos países capitalistas ocidentais a base do erro é a mesma: o desconhecimento da diversidade e a incompetência da sociedade para criar espaços que incluam todas as pessoas, apesar das diferenças individuais. O respeito à diversidade está na base da auto-realização, da auto-estima e da felicidade.

Tão grave quanto os problemas apontados é a prostituição de meninas de classe média, que têm entre 12 e 17 anos de idade. É tão sério que o assunto foi matéria de capa da revista *Newsweek*. Embora a reportagem dessa revista se refira a jovens norte-americanas, isso não quer dizer que não aconteça no Brasil. Os pais, conforme soubemos, jamais suspeitam e, quando ficam sabendo, o mal já está feito. Até que ponto o conhecimento dos temperamentos poderia nos ajudar a detectar essa tendência em nossas filhas?

A maioria das jovens norte-americanas de classe média, envolvidas com prostituição, tem problemas de relacionamento em família. Elas são aliciadas por agentes a serviço da prostituição juvenil, que detectam facilmente quando uma moça fugiu de casa: para chamar a atenção dos pais, pelo desejo de liberdade e aventura, pela ambição do dinheiro ganho de modo "fácil". Sem dúvida, conhecer o temperamento e o tipo psicológico dos filhos – e dos pais, também – ajuda muito, porque passamos a reconhecer a visão de mundo de cada um, seus interesses, suas dificuldades de relacionamento, os pontos fortes de sua personalidade. Na maioria das vezes, as filhas que saem de casa se dizem vítimas de pais muito severos, ou muito avaros, ou que negligenciam as necessidades e os medos de sua prole. Nesta época marcada pela permissividade, grande número dessas jovens não tem pudor de ingressar no mundo da prostituição. O antídoto está no respeito à diversidade, no diálogo constante e na troca afetiva, além de autoconhecimento. Estes fatores fazem muita diferença na construção de uma personalidade sadia e equilibrada.

Até que ponto se pode confiar nos diagnósticos feitos on-line ao acessar sites que disponibilizam questionários?

Embora a internet tenha o grande mérito de democratizar o conhecimento, é preciso tomar muito cuidado com a fonte da informação, nem sempre conhecida ou idônea. E, mesmo que a fonte seja idônea, às vezes, o que ela divulga não está validado. Deve-se lembrar que um dos aspectos mais importantes dos instrumentos que levam ao conhecimento do tipo psicológico é a devolutiva face a face, feita por um profissional qualificado. Na interação com a pessoa "analisada", é possível expor e compreender a gradação de determinada dimensão, seja no âmbito das atitudes, seja em relação aos processos mentais. Além disso, o "analisando" é soberano no momento de validar o seu tipo. É ele que confirma pertencer, ou não, a determinado tipo psicológico.

NOTAS

1. *No futebol são facilmente identificáveis os quatro tipos de temperamento SP. Os ESTP são jogadores tão aguerridos quanto os ISTP, mas aqueles, além de jogar futebol, apreciam a autopromoção e fazem sucesso em outros negócios, fora dos gramados. Os ESFP e ISFP são jogadores mais preocupados em agradar a platéia. Os primeiros caracterizam-se pela ginga, pela alegria, pelo jeito "moleque" que já foi marca registrada do futebol brasileiro, enquanto os ISFP são estetas: jogadores que, quando fazem uma jogada ou um gol, recebem da imprensa este comentário: "O gol de fulano foi uma pintura". É interessante observar que, embora a maioria dos futebolistas pertença ao grupo dos Artesãos (SP), os goleiros são, quase sempre, Guardiães (SJ).*

2. *A política é uma área que costuma atrair mais tipos SJ do que tipos SP, embora estes sejam muito bem-sucedidos quando se candidatam, por causa de sua espontaneidade e energia. Os tipos intuitivos (NF e NT) raramente se envolvem com política, mas os NT se interessam muito mais que os NF. Uma comprovação desta afirmação pode ser encontrada no interessante livro de Ray Choiniere,* Presidential temperament. *Este autor pesquisou o perfil psicológico de todos os presidentes dos Estados Unidos, desde George Washington até George W. Bush. Dos 43 presidentes norte-americanos, que governaram o país desde a Independência até 2006, treze eram SP, 23 SJ (inclusive os Bush) e sete NT. A presidência jamais foi ocupada por alguém de temperamento NF (idealista). Entre os políticos de temperamento SP, alguns foram astros de Hollywood: Ronald Reagan, Clint Eastwood, Warren Beatty e Shirley Temple. A razão da prevalência de tipos SJ na presidência é óbvia: cerca de 45% da população norte-americana expressa características do temperamento SJ e, logicamente, suas escolhas recaem sobre líderes que defendem seus valores.*

3. *As preferências de cada temperamento, nas relações intersexuais, estão muito claras no seriado norte-americano* Sex and the city, *que também passa na TV brasileira. A fogosa Samantha é Artesã (SP), a prática Charlotte é Guardiã (SJ), a romântica Carrie é Idealista (NF) e a independente Miranda é Racional (NT).*

4. *Citado por Joseph Campbell em* O poder do mito. *Ver Bibliografia.*

5. *Recolhido na internet.*

6. Copyright True Colors Production, Inc., EUA *Todos os direitos da versão em português e espanhol, bem como licença e distribuição, treinamento e certificação no Brasil, reservados para* The Persona Place *Treinamentos e Comércio de Livros Ltda.*

CONCLUSÃO

Diferentemente de outros livros escritos em língua portuguesa sobre o tema carreira, este não dá receitas de sucesso nem ensina como galgar posições fazendo as coisas "certas". Seria um paradoxo – e também uma visão simplista – se uma obra que aponta para a diversidade de caminhos de realização chegasse ao fim recomendando decálogos, bíblias, comportamentos e "jeitinhos", como se fora um manual de auto-ajuda. É possível que alguns profissionais tenham se sentido atraídos pelo título, interessados em saber como manter posições conquistadas ou equipar-se com ferramentas que os tornem mais competitivos no mercado de trabalho. Estes se surpreenderão com a abrangência da abordagem e com a constatação de que seus objetivos poderão ser atingidos na medida em que adquirirem maior autoconhecimento sobre seu temperamento e sobre os tipos de inteligência.

Ao longo de sete capítulos, pudemos mostrar e comprovar que os caminhos de realização são diversos e absolutamente naturais, ou seja, somente é bem-sucedido quem consegue ser fiel a si mesmo, sendo SP, SJ, NF ou NT. Fidelidade, neste contexto, significa fazer escolhas em consonância com a visão de mundo, princípios, valores, interesses e, principalmente, talentos naturais. Quem se esforça em conhecer-se e traçar a sua trajetória profissional de acordo com a sua "natureza" – sensorial (S) ou intuitivo (N), sentimental (F) ou pensador (T) – tem muito mais condição de realizar-se em uma carreira, não importa qual seja ela. Mais que isso: tem muito mais chance de ser feliz. Já foi comprovado por pesquisadores norte-americanos que a falsificação do tipo ou do temperamento, nos ambientes de trabalho, é a maior responsável pela frustração, pelo estresse, pelo desempenho de má qualidade e, em conseqüência de tudo isso, pela infelicidade de grande parte dos trabalhadores.

As páginas apresentadas sob o título "Memória" oferecem um amplo panorama que permite compreender como as pessoas se dirigem, naturalmente, para caminhos de realização próprios e como enfrentam com coragem e ânimo forte todos os percalços que surgem durante a jornada. Quase todos os biografados escolheram áreas diferentes porque diversos eram seus temperamentos e tipos psicológicos. E todos deixaram nelas suas marcas pessoais. Tais marcas são notáveis inclusive quando as pessoas escolhem as mesmas áreas para trabalhar. Quatro dos dezesseis retratados encaminharam-se para o jornalismo: Assis Chateaubriand (ENTJ), Roberto Marinho (ESFJ), Rachel de Queiroz (ESTJ) e Clarice Lispector (INFP). Profissionais brilhantes, conforme reconheceram seus contemporâneos, cada um trabalhou de forma personalíssima e atingiu formas distintas de sucesso. Os primeiros, principalmente como empreendedores e empresários; Rachel como cronista; Clarice muito mais como escritora.

Optamos por decodificar os conceitos da Teoria dos Temperamentos por intermédio da vida e carreira de celebridades brasileiras, inspirados no grande sociólogo italiano Norberto Bobbio, que faleceu quando elaborávamos este livro. Como intelectual, Bobbio declarava-se um "anão sobre os ombros dos gigantes", porque nessa posição tinha uma visão privilegiada do mundo. Ao examinar a vida de cada celebridade aqui retratada, comportamo-nos como ele. Encarapitados nos ombros gigantescos dos biografados, nos foi possível transmitir com fidelidade e de forma empírica o que são temperamentos, inteligências, interesses e visões de mundo. Enfim, o que é personalidade.

Acreditamos que, depois de lerem este livro, os leitores se sentirão motivados a buscar outras obras sobre o mesmo assunto. Na bibliografia, apresentamos as mais notáveis, ainda não traduzidas para o português, mas facilmente inteligíveis por quem domina o inglês.

É importante ressaltar que todos os pesquisadores citados (assim como nós) jamais tiveram a intenção de enquadrar a humanidade em modelos ou estereótipos. Ao contrário, o estudo dos temperamentos e tipos psicológicos tem servido para comprovar o oposto: como, a partir de arquétipos comuns a toda a humanidade, a pessoa se individualiza por meio da interação com o ambiente e a cultura em que vive, constituindo uma personalidade singular.

É preciso salientar, ainda, que nenhum temperamento ou tipo é melhor ou pior. Todos são necessários e importantes. Se simpatizamos mais com uns do que com outros, isso se deve ao grau de afinidade que temos com determinado tipo ou temperamento. Finalmente: o temperamento ideal não existe. Se pudéssemos construí-lo, ele teria a alegria, a energia e o virtuosismo dos Artesãos; a dedicação, a segurança e a generosidade dos Guardiães; o altruísmo, a integridade e a sensibilidade dos Idealistas; o engenho, a autonomia e a visão dos Racionais. Mas, mesmo "imperfeitos", se levarmos em conta esse objetivo, todos poderemos desenvolver qualidades de outros temperamentos, pois infinitas são as possibilidades de crescer.

Ao entregar esta obra ao público, nos motivaram dois objetivos que representam nossa filosofia de vida. Primeiro: poder contribuir para que cada leitor encontre a melhor forma de evoluir e alcançar o sucesso, de forma livre e espontânea, sendo fiel a si mesmo. Segundo: que, ao compreender a importância dos diferentes temperamentos, inteligências, interesses e visões de mundo para o progresso do planeta, cada pessoa consiga ampliar consideravelmente seus limites de tolerância, respeito e inclusão, aceitando plenamente a diversidade.

ANEXO

Os precursores e suas contribuições

Carl Gustav Jung (INTP) – De família alemã, originária da Mogúncia, nasceu em um pequeno povoado perto de Basiléia, Suíça. Seu avô, de quem herdou o nome, foi um notável professor de Medicina e Direito, além de reitor da Universidade de Mogúncia. Jung também estudou Medicina e, depois de formado, foi estudar com Sigmund Freud (1907 a 1913). Rompeu com o mestre por discordar de suas concepções sobre a libido e o inconsciente. Sobre aquela, defendia que não era apenas impulso sexual instintivo mas a energia psíquica que impele a viver. Quanto ao inconsciente, defendeu e pesquisou profundamente a idéia de que, além do inconsciente individual, todo homem e toda mulher têm, também, um inconsciente coletivo, constituído de símbolos universais, que se formaram ao longo da existência da humanidade no planeta. Esses símbolos se cristalizaram no que denominou arquétipos. Afirmou que os conteúdos destes constituem uma condição onipresente, imutável, idêntica a si própria em toda a parte. E, quanto mais profundas as camadas da psique, "mais se aproximam dos sistemas funcionais autônomos, mais coletivas se tornam, e acabam por universalizar-se" *(in Memórias, sonhos, reflexões* – 1961*)*.

Jung também introduziu os conceitos de individuação, extroversão e introversão. A individuação, conforme escreveu na obra anteriormente citada, "significa tender a tornar-se um ser realmente individual, na medida em que entendemos por individualidade a forma de nossa unicidade, a mais íntima, nossa unicidade última e irrevogável; trata-se da realização do si-mesmo, no que tem de mais pessoal, e de mais rebelde a toda a comparação. Poder-se-ia traduzir a palavra individuação por realização por si mesmo. O si-mesmo compreende infinitamente mais do que um simples eu... A individuação não exclui o universo, ela o inclui".

Em 1921, Jung publicou o livro *Tipos psicológicos* que alcançaria grande repercussão algumas décadas depois. Foi nessa obra que se inspiraram os estudos empreendidos pioneiramente por Katherine Briggs e, posteriormente, por sua filha, Isabel Myers, em todas as áreas da atividade humana e de que resultou o inventário mais utilizado em todo o mundo: o MBTI® (Myers-Briggs

Type Indicator). Outra linha, calcada na mitologia, foi seguida por James Hillmann, Erich Neumann, Jean Houston e Jean Shinoda Bolen, entre outros.

Isabel Briggs Myers (INFP) – Esta norte-americana foi a grande responsável pela disseminação dos estudos sobre tipos psicológicos, baseados em preferências mentais e atitudes. Não tinha formação como psicóloga e sequer havia freqüentado um curso universitário. Dedicou metade de sua vida tentando entender as pessoas até concluir que a maioria "das diferenças, dos problemas e mal-entendidos que podem ocorrer em nossas relações com os outros é a maneira distinta, mas perfeitamente normal, como cada um de nós recebe e processa a informação", conforme escreveu seu filho, Peter B. Myers, no prefácio do livro *Ser humano é ser diferente*.

Peter relembra que sua avó, Katherine Briggs (INFJ), começou a estudar a teoria de Jung dezesseis anos antes de eclodir a Segunda Guerra Mundial e, com o ingresso das mulheres nos estranhos e hostis ambientes fabris, nessa época, "minha mãe e minha avó acharam que o conhecimento das preferências de cada personalidade, em termos da teoria de tipos de Jung, poderia ajudar a identificar que tipo de trabalho no esforço de guerra alguém que não tivesse experiência anterior poderia realizar com maior facilidade e eficiência. Como não conseguiram encontrar um teste que pudesse indicar as preferências junguianas, decidiram criar um. Desse trabalho resultou o Myers-Briggs Type Indicator, ou MBTI®. Mas, como nenhuma era psicóloga ou psicometrista, tiveram que partir do zero".

Katherine e Isabel pesquisaram as preferências em todos os gêneros de estabelecimentos de educação e de trabalho, e o MBTI®, depois de devidamente validado, passou a ser utilizado em inúmeros países. Na década de 1990, chegou ao Brasil. Outra contribuição: elas ampliaram a teoria junguiana e dobraram o número de tipos (Jung reconheceu oito) ao "descobrir" a atitude J-P.

David West Keirsey (INTP) – Em 1956, cinco anos após formar-se, o jovem David Keirsey tomou contato com o MBTI®. Um representante do Serviço de Orientação Educacional o visitou na escola onde trabalhava e lhe aplicou o questionário para que pudesse conhecer seu tipo psicológico. Na verdade, Keirsey queria saber como poderia ser mais útil às crianças, aos pais destas, aos professores e aos diretores. Keirsey pegou o relatório e ficou surpreso com o que leu. Ali estava o seu retrato sem tirar nem pôr, conforme escreveu na introdução do livro *Please, understand me II*. Pertencia a um grupo raríssimo, o dos INTP. Como Jung. "Compreendi, pela primeira vez, por que me sentia tão diferente da maioria das pessoas, incluindo meus pais, irmãos e amigos e também por que era tão diferente de meus combativos colegas da Marinha. Nos anos anteriores, muitas vezes me peguei pensando se não havia algo errado comigo ou com aquele pessoal, mas estava certo de que nunca tinha encontrado ninguém como eu, até eu começar a estudar Psicologia na escola. Foi, então, que encontrei dois colegas que se tornaram amigos para toda a vida. Naquela época, eu não atinei que eram como eu; apenas observei que estávamos interessados nas mesmas coisas."

A experiência na área educacional e no treinamento de terapeutas levou-o a concluir que os dezesseis tipos psicológicos derivam de quatro matrizes, denominadas temperamentos por ele. Concluiu, também, que o temperamento é inato e universal. Em 1978, sua assistente, Marilyn Bates, reuniu os escritos de Keirsey e publicou em conjunto com o chefe o livro *Please, understand me*, que vendeu mais de dois milhões de cópias. Em 1998, ele atualizou a obra e ampliou a abordagem para temperamento, caráter e inteligência. A obra seguinte foi *Temperament and talent*, que aborda a complexa interação entre nossas preferências inatas. Juntamente com seu genro, Stephen Montgomery (INFJ), mantém, há décadas, na Califórnia, o "Projeto Pigmalião", destinado ao autoconhecimento e ao ajustamento de casais.

REFERÊNCIAS BIBLIOGRÁFICAS

ALBERONI, Francesco. *Enamoramento e amor*. Rio de Janeiro: Rocco, 1994.

_____. *O erotismo*. Rio de Janeiro: Rocco/Círculo do Livro, 1992.

ALBERTI, Verena; SARMENTO, Carlos Eduardo; ROCHA, Dora. *Mario Henrique Simonsen: um homem e seu tempo*. Rio de Janeiro: FGV, 2002.

BACCELLI, Carlos A. *Chico Xavier – Mediunidade e coração*. São Paulo: IDE André Luiz, 1985.

BASTOS, Artur de Miranda. *Os meus balões* (tradução e adaptação da obra *Dans l'air*, de Santos Dumont). Rio de Janeiro: Ebal, 1973.

BECKETT, Samuel. *Esperando Godot*. São Paulo: Cosac & Naify, 2005.

BOBBIO, Norberto. *O elogio da serenidade*. São Paulo: Editora da Unesp, 2002.

BOLEN, Jean Shinoda. *Gods in everyman: a new pshychology of men's lives*. Nova York, HarperPerennial, 1990. [Edição brasileira: *Os deuses e o homem: uma nova psicologia da vida e dos amores masculinos*. Trad. Maria Silvia Mourão Netto. São Paulo: Paulus, 2002.]

_____. *Godesses in everywoman: a new pshychology of women*. Nova York: HarperPerennial, 1985. [Edição brasileira: *As deusas e a mulher: nova psicologia das mulheres*. Trad. Maria Lydia Remédio. São Paulo: Paulinas, 1990.]

BRANDÃO, Junito de Souza. *Mitologia grega* (3 vols.). Petrópolis: Vozes, 1997.

BULFINCH, Thomas. *O livro de ouro da mitologia*. Rio de Janeiro: Ediouro, 1998.

CALEGARI, Maria da Luz. *O amor amordaçado*. São Paulo: Innova, 1998.

_____. *Amor: seus enigmas, tramas e possibilidades*. São Paulo: Innova, 1997.

CAMPBELL, Joseph. *O herói de mil faces*. São Paulo: Círculo do Livro, 1989.

_____. (org.). *The portable Jung*. Nova York: Penguin Books, 1971.

CAMPBELL, Joseph; MOYERS, Bill. *O poder do mito*. São Paulo: Palas Athena, 1992.

CARVALHO, Affonso de. *Caxias*. Rio de Janeiro: Biblioteca do Exército, 1991.

CHANDLER, Charlotte. *Eu, Fellini*. Rio de Janeiro: Record, 1994.

CHOINIERE, Ray. *Presidential temperament: the unfolding of character in the forty presidents of the United States*. Del Mar: Prometheus Nemesis, 1992.

D'ALESSIO, Paolo. *Obrigado, Ayrton*. São Paulo: Círculo do Livro, 1994.

DAMÁSIO, António. *O mistério da consciência*. São Paulo: Companhia das Letras, 2000.

_____. *O erro de Descartes*. São Paulo: Companhia das Letras, 1994.

DONN, Linda. *Freud e Jung: anos de amizade, anos de perda*. Rio de Janeiro: Civilização Brasileira, 1988.

DUMONT, Alberto Santos. *O pensamento vivo de Santos Dumont*. São Paulo: Ediouro, 1990.

FALCÃO, Edgard de Cerqueira. *O pioneirismo dos brasileiros na conquista do ar*. São Paulo: Alto Comando da IV Zona Aérea da FAB, 1969.

GARDNER, Howard. *Estruturas da mente*. Porto Alegre: Artes Médicas, 1994.

_____. *The quest for mind: Piaget, Lévi-Strauss and the structuralist movement*. Chicago: University Chicago Press, 1981.

GIBRAN, Kahlil. *Espelhos da alma*. Rio de Janeiro: Record, 1965.

GOTLIB, Nádia Battella. *Clarice, uma vida que se conta*. São Paulo: Ática, 1995.

GRAVES, Robert. *Greek myths*. Londres: Penguin Books, 1981. [Edição brasileira: *Mitos gregos – Edição ilustrada*. Trad. Julia Vidil. São Paulo: Madras, 2004.]

HERMANN, Ned. *The hole brain business book*. Nova York: McGraw Hill, 1996.

HILLMAN, James. *Psicologia arquetípica: um breve relato*. São Paulo: Cultrix, 1995.

HOLLWITZ, John; STEIN, Murray. *Psyche at work*. Wilmette: Chrion Publications, 1995.

JORGE, Fernando. *As lutas, a glória e o martírio de Santos Dumont*. São Paulo: Nova Época, 1973.

JUNG, C. G. *The archetypes and the collective unconscious*. Nova York: Princeton University Press, 1959. [Edição brasileira: *Os arquétipos e o inconsciente coletivo*. 4. ed. Trad. Dora Mariana R. Ferreira da Silva e Maria Luiza Appy. Petrópolis: Vozes, 2006.]

_____. *Memórias, sonhos, reflexões*. Rio de Janeiro: Nova Fronteira, 1989.

_____. *Tipos psicológicos*. Petrópolis: Vozes, 2003.

KARDEC, Allan. *O livro dos espíritos: princípios da doutrina espírita*. Rio de Janeiro: Federação Espírita Brasileira, 2005.

KEIRSEY, David. *Please understand me – Character & temperament types*. Del Mar: Prometheus Nemesis, 1978.

_____.*Please understand me II*. Del Mar: Prometeus Nemesis Book, 1998.

_____. *Temperament and talent*. Del Mar: Prometeus Nemesis Book, 1998

KROEGER, Otto; THUESEN, Janet M. *16 ways to love your lover*. Nova York: Dell Publishing, 1993.

_____. *Type talk at work: how the 16 personality types determine your success on the job*. Nova York: Dell Publishing, 1994.

LIMA, Edvaldo Pereira. *Ayrton Senna, guerreiro de Aquário*. São Paulo: Brasiliense, 1995.

LINTON, Ralph. *Cultural background of personality*. Londres: K. Paul, Trench, Trubner, 1947.

LISPECTOR, Clarice. *A hora da estrela*. Rio de Janeiro: Nova Fronteira, 1986.

_____. "A Legião Estrangeira". In: _____. *Felicidade clandestina*. Rio de Janeiro: Rocco, 1998.

_____. *Laços de família*. Rio de Janeiro: Editora do Autor, 1960.

_____. *A maçã no escuro*. Rio de Janeiro: Rocco, 1998.

_____. *A paixão segundo G. H*. Rio de Janeiro: Rocco, 1998.

_____. *Perto do coração selvagem*. Rio de Janeiro: Rocco, 1999.

LUIZ, André. *Evolução em dois mundos*. Psicografado por Francisco Cândido Xavier e Waldo Vieira. Rio de Janeiro: Federação Espírita Brasileira, 2005.

_____. *Mecanismos de mediunidade*. Psicografado Por Francisco Cândido Xavier e Waldo Vieira. Rio de Janeiro: Federação Espírita Brasileira, 2006.

MANN, Thomas. *Morte em Veneza*. São Paulo: Boa Leitura/Abril, 1981.

MCGUIRE, W.; HULL, R. F. C. *C. G. Jung: entrevistas e encontros*. São Paulo: Cultrix, 1982.

MELO, Walter. *Nise da Silveira* (Série Pioneiros da Psicologia Brasileira). Rio de Janeiro: Imago, 2001.

MONTERO, Martha Gil. *Carmen Miranda, a Pequena Notável*. São Paulo: Círculo do Livro, 1995.

MONTGOMERY, Stephen. *People patterns – A modern guide to the four temperaments*. Del Mar: Archer Publications, 2002.

MORAIS, Fernando. *Chatô, o Rei do Brasil*. São Paulo: Companhia das Letras, 1998.

MYERS, Isabel Briggs; MCCAULLEY, Mary H. *Manual: a guide to the development and use of Myers-Briggs Type Indicator*. Palo Alto: CPP, 1993

MYERS, Isabel Briggs; MYERS, Peter B. *Ser humano é ser diferente*. São Paulo: Gente, 1997.

ORLANDI, J. O. *Vencendo o azul*. São Paulo: Tipografia Siqueira, 1935.

PASSARELLI, Gaetano. *Irmã Dulce, o anjo bom da Bahia*. Rio de Janeiro: ABDR, 2002.

PINHEIRO NETO, João. *Juscelino, uma história de amor*. Rio de Janeiro: Mauad, 1995.

PIZA, Daniel. *Ayrton Senna, o eleito*. São Paulo: Ediouro, 2003.

PORTINARI, Cândido. *Poemas de Cândido Portinari – O menino e o povoado, Aparições, A revolta, Uma prece*. Prefácio de Manual Bandeira. Notas biográficas de Antonio Callado. Rio de Janeiro: José Olympio, 1964.

PRÍNCIPE, Hermógenes. *Luz e trevas nos tempos de Juscelino*. São Paulo: É Realizações, 2002.

QUEIROZ, Rachel de. *Memorial de Maria Moura*. Rio de Janeiro: José Olympio, 1994.

_____. *O quinze*. São Paulo: Arx, 2003.

QUENK, Naomi. *Beside ourselves*. Palo Alto: CPP, 1993.

_____. *In the grip*. Palo Alto: CPP, 2000.

RISO, Don Richard. *Discovering your personality type: the new enneagram questionnaire*. Nova York: Houghton Mifflin, 1995. [Edição brasileira: *A sabedoria do eneagrama*. Trad. Marta Rosas de Oliveira. São Paulo: Cultrix, 2003.]

ROCHA, Zildo (org.). *Helder, o Dom – Uma vida que marcou os rumos da Igreja no Brasil*. Petrópolis: Vozes, 2000.

RUSSEL, Bertrand. *História da filosofia ocidental*. Rio de Janeiro: Ediouro, 2001.

SANTOS, Francisco. *Ayrton Senna Saudade*. São Paulo: Edipromo, 1999.

SILVEIRA, Nise da. *Jung: vida e obra*. Rio de Janeiro: Paz e Terra, 1983.

SOUTO MAYOR, Marcel. *As vidas de Chico Xavier*. São Paulo: Planeta, 2003.

SOUZA, Márcio. *O brasileiro voador*. São Paulo: Círculo do Livro, 1991.

STEINBECK, John. *As vinhas da ira*. Rio de Janeiro: Record, 2001.

XAVIER, Francisco C. *Parnaso de além-túmulo*. Rio de Janeiro: FEB, 1982.

Sites interessantes

Associação Junguiana do Brasil	www.ajb.org.br
Association for Psychological Type	www.aptcentral.org
C. G. Jung (*site* oficial)	www.cgjung.com
C. G. Jung Page	www.aptinternational.org
Consulting Psychologists Press	www.cpp.com
David Keirsey (*site* oficial)	www.keirsey.com

Instrumento de Desenvolvimento Humano	www.idhal.com.br
International Association for Analytical Psychology	www.iaap.org
Jung Institute (Suíça)	www.junginstitut.ch
Otto Kroeger Associates	www.typetalk.com
Philemon Foundation	www.philemonfoundation.org
Sixteen Types	www.16types.com
Sociedade Brasileira de Psicologia Analítica	www.sbpa.org.br

Obs.: *Embora existam na internet inúmeros sites que oferecem informações sobre tipos, recomendamos que os leitores prefiram informar-se nas fontes oficiais. Muitos instrumentos gratuitos oferecidos na internet para conhecer o tipo psicológico não foram validados no Brasil e, portanto, não se pode esperar que os resultados obtidos sejam 100% confiáveis.*

www.gruposummus.com.br

IMPRESSO NA
sumago gráfica editorial ltda
rua itauna, 789   vila maria
02111-031   são paulo   sp
tel e fax 11 **2955 5636**
sumago@sumago.com.br